저 자 李明晶

◆ 北京 苹果园고등학교 졸업
◆ 北京语言大学 언어문학과 전공 대외중국어교육 졸업
◆ 北京语言大学 대외중국어교육대학원 졸업
◆ 중국국가교육위원회 발행 대외중국어교원자격증서 취득
◆ 北京外国语大学 중문대 대외중국어과 전임강사 역임
◆ 韩国 성공회대학교 중어중국학과 원어민 교수 역임
◆ 韩国 동국대학교(서울캠퍼스) 중어중문학과 조교수

저서:

《한국인을 위한 중급 중국어회화》(2001, 동양문고)

《中级汉语会话课本》(2002, 北京语言大学出版社)

《더블클릭 인터넷 중국어》(2002, 동양문고)

《对韩汉语口语教程:初级Ⅰ》(2005, 北京大学出版社)

《对韩汉语口语教程:初级Ⅱ》(2006, 北京大学出版社)

《对韩汉语口语教程:中级Ⅰ》(2008, 北京大学出版社)

《对韩汉语口语教程:中级Ⅱ》(2008, 北京大学出版社)

최근의 주요 논문:

《韩国学生"了"的习得过程考察及初中级阶段教学对策》
(2007, 韩国《中国语文学论集》第47号)

《试论"了"产生的历史时代及其初期语法化》
(2008, 韩国《中国语文学论集》第53号)

北大版新一代对外汉语教材·国别教材系列

DUI HAN HANYU KOUYU JAOCHENG

对韩汉语口语教程

한국인을 위한 맞춤형 중국어

初级 Ⅰ
초급 Ⅰ

李明晶 编著
丁永寿 插图

图书在版编目(CIP)数据

对韩汉语口语教程. 初级Ⅰ/李明晶编著. —北京：北京大学出版社，2005.5
(北大版新一代对外汉语教材·国别教材系列)
ISBN 978-7-301-07791-7

Ⅰ. 对… Ⅱ. 李… Ⅲ. 汉语 – 口语 – 对外汉语教学 – 教材 Ⅳ. H195.4

中国版本图书馆 CIP 数据核字(2005)第 032783 号

书　　　　名：	对韩汉语口语教程·初级Ⅰ
著作责任者：	李明晶　编著
责任编辑：	宋立文
标准书号：	ISBN 978-7-301-07791-7/H·1130
出版发行：	北京大学出版社
地　　　址：	北京市海淀区成府路 205 号　100871
网　　　址：	http://www.pup.cn
电　　　话：	邮购部 62752015　发行部 62750672　编辑部 62752028　出版部 62754962
电子邮箱：	zpup@pup.pku.edu.cn
印　刷　者：	涿州市星河印刷有限公司
经　销　者：	新华书店
	787 毫米×1092 毫米　16 开本　13.25 印张　236 千字
	2005 年 5 月第 1 版　2015 年 12 月第 7 次印刷
定　　　价：	50.00 元(附 CD 2 张)

未经许可，不得以任何方式复制或抄袭本书之部分或全部内容。
版权所有，侵权必究　　举报电话：010-62752024
　　　　　　　　　　　　电子邮箱：fd@pup.pku.edu.cn

编写说明

1 本书是针对性对韩汉语口语系列教材的第一册,专为零起点的韩国朋友编写,旨在帮助学习者短期内初步掌握汉语口语交际能力。

2 编写上遵循结构、情景和文化相结合的原则。考虑到韩国朋友学汉语的特点,从课文内容、词汇出现的顺序、语法项目的讲解到练习的设计、教学方法的提示以及疑问解答、偏误纠正均体现很强的针对性,尽量做到实用性、趣味性和学习效率的和谐统一。

3 在编写体例上,一共安排十五课。除第一课以外,每课均由生词、课文、注释、练习四个基本部分组成,并穿插一些课堂用语、绕口令和汉语常识,本书最后附有练习参考答案和词汇索引。

4 关于语音学习,先在第一课大致学一遍声母、韵母和声调,然后从第二课到第七课依次设计了六节"语音强化训练",训练方法融入了笔者多年积累的一些行之有效的对韩汉语教学经验。

5 课文走精化路线,严格控制篇幅,语言力求精炼简明、话题富于实用性,情景具有代表性,同时兼顾趣味性。

6 生词和语法点均用韩文注释，注意从中韩语言对比的角度帮助学习者轻松理解和把握学习内容。语法项目的展示注意避繁就简、重点突出，对教学量大的语法项目不追求一次性完整讲解，而是化整为零、循环深化，给学习者提供理解和运用的空间。

7 练习经精心设计，练习内容比一般教材更为充实和丰富，保证学习内容的重现率，从而有效引导学习者利用已学的知识举一反三，活学活用。

8 本书配有录音CD，录音内容包括生词、课文和部分练习题，有助于提高学习者的听力水平。

9 韩文注释部分由韩国人吕炳相先生修订和润色，他还从自己学习汉语的经验出发，对笔者的编写工作提出了一些宝贵的意见和建议。北京大学出版社宋立文编辑的鼓励和支持更是为本书的编写和出版创造了良好的外部条件，在此一并致以深深的谢意。

编 者

본 교재의 짜임새와 특징

1. 이 책은 한국인을 위한 맞춤형 중국어 회화 교재 시리즈의 제1권(초급I)이다. 본 교재는 오로지 중국어를 처음부터 배우려는 한국 학생을 위하여 짓고 엮었으며, 짧은 시간 안에 걸음마 수준이나마 중국어로 의사소통을 할 수 있는 능력을 얻는 데에 도움이 되고자 만들었다.

2. 본 교재를 집필할 적에, 중국어의 구조와 설정된 상황 및 중국의 문화적 배경이 서로 긴밀히 연결되어야 한다는 원칙을 따랐다. 그리고 본문 내용, 새 단어가 출현하는 순서, 어법에 대한 설명에서부터 연습 문제의 설정, 교수법의 제안, 의문점의 풀이 그리고 틀리기 쉬운 문제에 대한 교정에까지 모두 한국 학생을 위해 맞춘 듯이 짓고 엮었다. 뿐만 아니라 실용성과 흥미 그리고 학습 효과가 동시에 구현되도록 나름대로 힘을 썼다.

3. 본 교재의 체계는 다음과 같다. 모두 15과로 구성되어 있으며, 제1과를 제외한 모든 과에는 새 단어, 본문, 설명 그리고 연습 등 모두 4가지의 기본 부분으로 구성되어 있다. 아울러 교실 중국어, 잰말놀이 및 중국어 상식이 약간씩 실려 있으며, 제일 뒷면에는 연습 문제의 참고답안과 단어색인을 덧붙여 두었다.

4. 발음 학습에 중점을 두었다. 먼저 제1과에서 대체적으로 성모, 운모 그리고 성조를 한번쯤 알아두도록 시킨 후에 제2과부터 제7과까지 6개 단계의 "발음중점훈련" 프로그램을 짰다. 이러한 훈련 방법은 필자가 그 동안 한국인에게 중국어를 가르치면서 쌓았던 교수 경험에 바탕을 두고 있다. 즉 시행해보았고 효과가 있었다고 감히 말하고 싶다.

5. 본문은 세련되게 꾸미려고 했고, 분량을 맞추려고 애썼다. 즉 세련되고 간명하게 다듬었다. 내용은 가능한 한 중국인과의 교류에서 배워서 써먹을 수 있는 화제거리와 있을 법한 상황을 설정하고, 아울러 흥미가 생기게끔 꾸몄다.

6 새 단어와 어법상의 요점을 모두 한국어로 해석해 두어서, 중국어와 한국어를 대조함으로써 학습자가 손쉽게 학습 내용을 이해하고 파악할 수 있도록 엮었다. 그 밖에도 어법 설명을 시도하면서 번거로움을 피하고 간명함을 취했으며, 요점을 두드러지게 나타내려 하였다. 특히 내용이 많고 설명할 것이 많은 어법은 한꺼번에 다 설명하려 하기보다는 내용을 분산시키고 단계적으로 심화시켜서 학생들이 이해하고 터득하면서 운용하는 데에 여유를 가지게끔 엮었다.

7 정성을 들여서 충실히 만든 연습 문제의 분량은 보통 교재들보다 더 많다. 연습 문제에서는 가능한 한 이미 학습한 내용을 거듭 등장시키고 있기 때문에 이미 배운 규칙을 이용하여 몇 가지 더 다양한 중국어 표현능력을 유도하고 있다. 즉 집중적으로 배워서 실제적으로 써먹을 수 있기를 목표로 삼았다.

8 본 교재의 내용을 녹음해둔 카세트 테이프를 이 책과 같이 독자들에게 내놓았다. 새 단어, 본문, 설명 부분의 예문 및 연습 문제의 일부분을 모두 녹음해 두었다. 학생의 듣기 능력 향상에 도움이 될 것이다.

9 자가 한국어로 써둔 한국어 설명을 여병상 선생이 다시 수정하고 윤색했다. 그밖에도 그 자신 중국어를 학습한 적이 있는 한국인의 시각으로써 필자에게 소중한 의견과 건의를 많이 해주었다. 그리고 북경대학출판사의 편집, 쏭리윈 선생님은 이 책을 짓고 엮어서 출판하기까지 줄곧 친절하고도 적극적으로 필자를 도와주었다. 이 자리를 빌어 심심한 사의를 표하고 싶다.

目 录
차 례

第 一 课	汉语语音	중국어 발음 ……………………………	1
第 二 课	老师好!	선생님, 안녕하세요! …………………	7
第 三 课	你叫什么名字?	당신 이름은 어떻게 부르지요? ……	19
第 四 课	肚子饿吗?	배 고프니? ……………………………	34
第 五 课	多少钱?	얼마입니까? …………………………	45
第 六 课	吃饭了吗?	식사하셨어요? ………………………	56
第 七 课	全家福	가족 사진 ……………………………	68
第 八 课	智贤的生日	지현이의 생일 ………………………	78
第 九 课	最近过得怎么样?	요즈음 어떻게 지내세요? …………	89
第 十 课	我爱交朋友	나는 친구 사귀기를 좋아해 ………	101
第十一课	认识你很高兴	알게 되어서 아주 기쁩니다 ………	116
第十二课	约会	약속 ……………………………………	128
第十三课	我住7号楼	나는 7 동에 산다 ……………………	141
第十四课	你请客	네가 한턱 내어봐 ……………………	154
第十五课	我在咖啡厅打工	나는 커피숍에서 아르바이트 해요 …	167

综合练习	종합 연습 ……………………………	179
部分练习参考答案	일부연습문제풀이 …………………	182
词汇索引	단어 색인 ……………………………	192

第一课　汉语语音
Hànyǔ yǔyīn
중국어 발음

一　汉语的音节一般由声母、韵母和声调组成。声母是音节开头的辅音(相当于韩语的"初声"),其余的部分是韵母。如：

> 중국어의 발음은 대개 성모, 운모 그리고 성조라고 부르는 3개의 요소로 구성되어 있다. 성모는 한국어의 "초성"에 해당하는 음으로서 음절 첫머리를 가리키고, 그 나머지 부분은 운모라고 한다.

韩国 **Hán guó**

声调　성조
声母+韵母　성모+운모

二　汉语普通话有四个基本声调：一声(ˉ)、二声(ˊ)、三声(ˇ)和四声(ˋ)。声调符号标在主要元音上。

> 중국어 보통말(중국의 표준어)에는 제1성, 제2성, 제3성, 제4성이라고 부르는 4개의 성조가 있다. 성조 부호는 주요 모음(즉 소리가 강하고 큰 모음) 위에 표시한다.

高 고	5
半高 반고	4
中 중	3
半低 반저	2
低 저	1

一声(ˉ)　　二声(ˊ)　　三声(ˇ)　　四声(ˋ)

성조높이　제1성: 고→고　　　　제2성: 중→고
　　　　　제3성: 반저→저→반고　제4성: 고→저

声调有区别意义的作用,声调说错会引起误解。例如:

성조가 다르면 뜻이 달라진다. 성조를 올바르지 않게 소리내면 의사소통에 장애를 초래하거나 오해를 불러일으킬 수 있다. 예:

汤 tāng　　　糖 táng　　　躺 tǎng　　　烫 tàng

탕, 국　　　　사탕　　　　눕다　　　　뜨겁다

三 声母(21个)　Shēngmǔ　성모

b	p	m	f
d	t	n	l
g	k	h	
j	q	x	
z	c	s	
zh	ch	sh	r

韩国学生较易将"p、f","l、r"以及"j、q、x、z、c、s、zh、ch、sh"相混或发错,教学时应进行重点强调和对比操练。

한국 학생은 "p、f", "l、r" 그리고 "j、q、x、z、c、s、zh、ch、sh"를 혼동하거나 잘못 발음하는 경우가 많다. 수업 시간에 이 점을 중점적으로 가르치면서 각 발음을 대비하여 훈련시켜야 한다.

四 韵母(38个) Yùnmǔ 운모

```
a      o      e
i      u      ü
ai     ei     ao     ou
an     ang    en     eng    ong
ia     ie     iao    iou(-iu)
ian    iang   in     ing    iong
ua     uo     uai    uei(-ui)
uan    uang   uen(-un)      ueng
üe     üan    ün
er
```

此外,还有"-i(zi)"和"-i(zhi)"两个韵母。但它们不单独使用,"-i(zi)"只跟"z,c,s"相拼,"-i(zhi)"只跟"zh,ch,sh"相拼。

이상 36개 운모 이외에도 "-i(zi)"와 "-i(zhi)"란 2개의 운모가 있다. "-i(zi)"와 "-i(zhi)"는 독립적으로 쓰이지 않고, "-i(zi)"는 반드시 "z, c, s"와 결합하여 발음되며 "-i(zhi)"는 반드시 "zh, ch, sh"와 결합하여 발음된다.

韩国学生易将"ü"的发音跟韩语的"위"相混,因此"ü"的发音不到位,"ü"和"üe,üan,ün"应进行重点强调和练习。

한국 학생은 "ü"를 한국어의 "위"와 혼동하는 바람에 "ü"를 정확하게 발음하지 못하는 경우가 많다. 그래서, "ü"와 "üe, üan, ün"에 중점을 두고 가르치면서 연습시켜야 한다.

练习 Liànxí 연습

一 熟记 암기하세요.

几声?	Jǐ shēng?	몇 성입니까?
一声	yī shēng	제 1 성
二声	èr shēng	제 2 성
三声	sān shēng	제 3 성
四声	sì shēng	제 4 성

二 根据老师的指令带声调朗读下面的拼音
선생님이 시키는 대로 성조를 붙여 다음 발음을 읽어보세요.

1. lao   tong   bei   rui   xi   hen
2. guang dian   shi   pa   cui   qiao
3. liang suan   mao   fang   nai   kong
4. heng   jing   zu   zhuo   nü   chun

三 发音对比操练 두 발음을 대비하여 연습하세요.

1. lú / rú   rì / lì   làng / ràng   róng / lóng
   lè / rè   rào / lào   lùn / rùn   ruǎn / luǎn
2. ji / zi / zhi qi / ci / chi   xi / si / shi
   ci / xi / qi   si / shi / ji   zhi / zi / si
   ji / chi / xi zi / si / qi   chi / xi / ci
3. jiéchū   xiázhǎi   suànshù   sìshí   shísì
   chēchuáng   xíqì   zhuāngzuò   chúnqíng   cuìruò

四 读下列词语(均为韩语中的"汉字词"),注意声母、韵母和声调
성모, 운모 및 성조에 유의하면서 다음 단어를 읽어보세요. (모두 한국어 중에 해당하는 한자어가 있는 단어이다.)

1. Zhōngguó   (中国 중국)   2. Rìběn   (日本 일본)
3. Měiguó   (美国 미국)   4. lìshǐ   (历史 역사)
5. dàxué   (大学 대학)   6. liànxí   (练习 연습)
7. wèntí   (问题 문제)   8. Hànzì   (汉字 한자)
9. huānyíng   (欢迎 환영)   10. nǚshì   (女士 여사)
11. míng ruò guān huǒ   (明若观火 명약관화)
12. qíngtiān pīlì   (晴天霹雳 청천벽력)

五 轻声 Qīngshēng 경성

汉语中有些音节念得很轻、很短，不带声调，此为轻声。轻声在拼写中无调号。如：

중국어에서 일부 음절은 본래의 성조를 잃고 아주 약하게 혹은 짧게 읽힌다. 이것을 경성이라 부른다. 경성은 성조 표시를 하지 않는다. 예：

bà ba (爸爸 아빠)　　mā ma (妈妈 엄마)　　xiè xie (谢谢 감사하다)

练习 Liànxí 연습

朗读并比较下面两组发音，体会轻声的发音特点

다음 A조와 B조의 발음을 대비하여 읽어보고 경성의 특징을 체험하세요.

A 组	B 组
1. xuéshēng	xuésheng
2. dìdào	dìdao
3. zhuōzǐ	zhuōzi
4. huāngtáng	huāngtang
5. hòushēng	hòusheng
6. xīnxiān	xīnxian
7. mántóu	mántou

六 变调 Biàndiào 성조 변화

两个第三声音节连读时，前一个应读成二声。如：

제 3 성이 거듭될 경우는 앞의 것이 제 2 성으로 변한다. 예：

你好　nǐhǎo　→　ní hǎo
想法　xiǎngfǎ　→　xiáng fǎ

练习　Liànxí　연습

请写出以下词语的实际发音,并练习两个第三声音节的连读
다음 발음의 실제 발음을 적으세요. 그리고 제 3성의 성조 변화를 연습하세요.

例　**lǎohǔ**　(老虎 호랑이) → **láo hǔ**

1. shǐguǎn　(使馆 대사관) →
2. lǐxiǎng　(理想 이상, 꿈) →
3. zhǔyǎn　(主演 주연하다) →
4. bǐcǐ　(彼此 상호, 피차) →
5. dǎoyǔ　(岛屿 섬) →
6. shuǐguǒ　(水果 과일) →
7. huǐsǔn　(毁损 훼손하다) →
8. fǔdǎo　(辅导 과외지도) →
9. jiǎntǐzì　(简体字 간체 한자) →
10. xiǎohuǒzi　(小伙子 총각) →

第二课　老师好!
Lǎoshī hǎo!
선생님, 안녕하세요!

生词　Shēngcí　새 단어

1. 你　nǐ　대　너. 당신
2. 好　hǎo　형　좋다. 안녕하다
3. 老师　lǎoshī　명　선생님
4. 同学　tóngxué　명　학우. 급우. 학생
5. 们　men　접미　…들 (사람을 지칭하는 명사나 대명사 뒤에 놓여 복수를 나타냄)
6. 李　Lǐ　고유　이 (姓)
7. 您　nín　대　"你"의 존칭
8. 你们　nǐmen　대　너희. 당신들 ("你"의 복수)
9. 再见　zàijiàn　동　다시 봅시다. 안녕히 계십시오(가십시오)

课文 Kèwén 본문

1

A：你好！
　　Nǐ hǎo!

B：你好！
　　Nǐ hǎo!

2

A：
B：老师 好！
　　Lǎoshī hǎo!

C：同学们　好！
　　Tóngxuémen hǎo!

3

A：
B：李老师，您 好！
　　Lǐ lǎoshī, nín hǎo!

C：你们 好！
　　Nǐmen hǎo!

4

A：再见！
　　Zàijiàn!

B：再见！
　　Zàijiàn!

注释 Zhùshì 설명

"你好"和"您好"

　　"你好"是问候语，汉语口语中多用于初次见面或者比较客气的对等关系，

比韩语的"안녕하세요"使用范围要窄一些。韩语的"안녕하세요"可以用来跟老师和长辈打招呼,但用汉语的"你好"跟老师和长辈打招呼是不够礼貌的,用"您好"为妥。因"您"是"你"的尊敬说法,所以跟老师、长辈谈话不要用"你",应养成用"您"的习惯。对不熟悉的同辈人为表示礼貌也可用"您"。

인사말인 "你好"는 중국어에서 주로 첫 만남에 혹은 약간 정중해야 할 대등한 사이에 쓰이며, 한국어의 "안녕하세요" 보다 쓰이는 범위가 약간 더 좁다. "안녕하세요"란 말로 스승이나 어른에게 인사할 수 있지만 중국어의 "你好"를 써서 스승이나 어른에게 인사하는 것은 예의에 마땅치 않다. "你好" 대신에 "您好"를 써야 마땅하다 하겠다. "您"는 "你"의 존경어 표현법이므로 스승이나 어른과 말씀을 나눌 때에 "你"를 쓰지 말고 "您"을 쓰는 습관을 가져야 한다. 대등한 사이라도 서로 아직 낯설면 상대방에게 "您"을 쓰는 것이 좋다.

你好! →

您好! →

老师好! →

练习 **Liànxí** 연습

一 标注拼音 병음 부호를 표시하세요.

例 韩国 → 韩国 *Hánguó*

1. 你好 →   2. 老师 →   3. 同学们 →

4. 李 →   5. 您 →   6. 再见 →

二 完成对话 회화를 완성하세요.

1. A: 你好！   안녕하세요.
   B: _____！   안녕하세요.

2. A: 同学们好！   학생 여러분, 안녕하세요.
   B: _____！   선생님, 안녕하세요.

3. A: _____老师，_____！ 이(李) 선생님, 안녕하세요.
   B: _____好！   여러분, 안녕하세요.

4. A: 老师，_____！   선생님, 안녕히 가십시오.
   B: _____，再见！   학생 여러분, 안녕히 가세요.

语音强化训练（Ⅰ） 발음중점훈련（Ⅰ）

一 声母 **Shēngmǔ**

b p m f   d t n l   g k h

发音要领　발음요령

① 韩语中没有"f"这个音位,发"f"时注意上齿接触下唇,气流从中间摩擦而出。

한국어 중에는 "f"와 같은 발음이 없다. "f"를 발음할 때 아랫입술 안쪽에 윗니를 살짝 대었다 떼는 찰나에 그 사이로 숨기운을 마찰시켜 낸다.

② 韩国学生容易将"l"跟韩语的"ㄹ"相混。发"ㄹ"时,气流通过舌尖,舌尖要轻弹一下;但是发汉语的"l"时注意不要弹舌尖,舌尖抵住上齿龈,气流通过舌头的两边出来,("f"和"l"两个音老师应多做几次示范)。

한국 학생이 "l"를 발음할 때 한국어의 "ㄹ"과 혼동하는 경향이 있다. "ㄹ"를 발음할 때에는 숨기운이 혀끝을 통과하면서 혀끝을 가볍게 떨어야 함에 비하여 중국어의 "l"은 혀끝을 떨지 않고 혀끝을 윗잇몸에 대었다 떼면서 숨기운을 혀의 양측면을 통하여 나오게 한다. ("f"와"l"의 발음 방법에 대하여 선생님께서 여러 번 시범을 보여주어야 한다.)

二　韵母　Yùnmǔ　운모

a　o　e　　i　u　ü　　er

发音要领　발음요령

① "a"的音位比韩语的"ㅏ"稍微靠前一点。

"a"의 발성 위치는 한국어의 "ㅏ"보다 조금 앞쪽에 있다.

② "o"虽然是圆唇音,但不像韩语的"ㅗ"双唇拢得那么圆。

"o"는 원순 모음이지만 한국어의 "ㅗ" 정도로 입술을 동그랗게 만들어 내밀지 않는다.

③ "e"舌面后部比韩语的"ㅓ"高一些,且比"ㅓ"开口度小。

"e"를 발음할 때 혓바닥 뒤쪽이 한국어의 "ㅓ"보다 조금 높고, 그리고 입을 여는 정도도 "ㅓ"보다 작다.

④ 发"i"时舌面前部比韩语的"ㅣ"略高一点。

"i"를 발음할 때 혓바닥 앞쪽이 한국어의 "ㅣ"보다 약간 높다.

⑤ 发"u"时要比韩语的"ㅜ"嘴唇尖圆突出。

"u"를 발음할 때 한국어의 "ㅜ"보다 입술을 약간 더 동그랗게 내밀어서 솟아나게 한다.

⑥ 韩国学生容易把"ü"混同于"위",唇部不够紧张。可以用拖长腔的方式让学生连续10秒钟发"ü",以助其快速掌握。

한국 학생이 "ü"를 발음할 때에 한국어의 "위"와 혼동하는 경향이 있을 뿐만 아니라 입술을 둥글게 만들어 내미는 크기도 충분하지 않다. 학생들에게 길게 끄는 방식으로 10 초 동안 끊기지 않게 발음하도록 시킨다면 빨리 이 발음을 터득할 것이다.

练习 Liànxí 연습

(一) 辨音练习　다음 두 병음 부호를 차이나게 발음해 보세요.

1. èr / è　　　ě / ǒ　　　ò / è　　　lú / lǘ
2. dà / tà　　pú / fú　　bǐ / pǐ　　mó / fó
3. pā / fā　　pó / fó　　nì / lì　　nǔ / lǔ
4. féng / péng　fàn / pàn　fǒu / dǒu　féi / péi
5. gé / ké　　kù / gù　　hē / gē　　kū / hū

(二) 朗读下列词语(韩国语中均有相对应的汉字词)

다음 단어를 큰 소리로 읽어보세요. (모두 한국어 중에 해당하는 한자어가 있다.)

bǐjiào　（比较　비교하다）　　pīláo　（疲劳　피로하다）
fāyīn　（发音　발음）　　　　méihuā　（梅花　매화）
tèbié　（特别　특별하다）　　Fójiào　（佛教　불교）

fǎlǜ （法律 법률）	kùnnan （困难 곤란）
mǔqin （母亲 모친）	páiliè （排列 배열하다）
nèibù （内部 내부）	bù kěnéng （不可能 불가능）

（三） 听录音填空 녹음을 듣고 빈칸을 채우세요.

A 1. __i   2. __u   3. __a   4. __u
  5. __en   6. __o__i   7. __e__i   8. __u__i
  9. __e__u   10. __an__a

B 1. b__   2. t__   3. m__   4. f__
  5. l__   6. M__l   7. __b   8. __n
  9. g__h__   10. d__k__

三 声调符号的位置及书写规则 성조 부호의 표기 규칙.

1. 一个音节只有一个元音时，声调符号就标在这个元音上。如：

운모가 1음절일 경우에는 바로 그 운모 위에 표기한다. 예:

lè   dà

2. 一个音节有两个或者两个以上的元音时，声调符号标在发音最响的主要元音上。如：

운모가 다음절일 경우에는 한 운모 단위에서 가장 크게 소리나는 주요 모음 위에 표기한다. 예:

táo   niè   guó   liàng

3. "i"上面有声调符号时，应去掉"i"上的小点儿。如：

모음 "i" 위에 성조부호가 있어야 할 경우에는 "i" 위의 작은 점은 생략된다. 예:

n ǐ　　　j ì n　　　m í ng

4. "i" "u" 并列时,标在后面的字母上。如:

"i" 와 "u" 가 나란히 쓰일 경우에는 성조 부호는 무조건 뒤의 모음 위에 붙는다. 예:

n i ú　　　l i ǔ　　　ku ī　　　du ì

练习　Liànxí　연습

(一) 在正确的位置上标出声调符号
정확한 위치에 성조 부호를 표기하세요.

例　ta (`) → tà　　die (´) → dié

1. fu (ˉ) →　　　　2. la (`) →　　　　3. mo (´) →

4. te (`) →　　　　5. dao (ˇ) →　　　6. pai (´) →

7. song (ˉ) →　　　8. bei (ˇ) →　　　9. duo (ˉ) →

10. fang (´) →　　11. miao (ˇ) →　　12. hen (ˇ) →

13. cai (`) →　　　14. jie (ˇ) →　　　15. reng (ˉ) →

16. zhuang (`) →

(二) 正确书写"i"上面的声调符号

"i" 위에 있는 성조 부호를 정확하게 표기하세요.

例 bi (ˇ) → bǐ

1. pi (ˉ) →   2. bing (ˋ) →   3. mi (ˊ) →

4. zhi (ˇ) →   5. ding (ˋ) →   6. ting (ˊ) →

7. li (ˇ) →   8. nin (ˊ) →   9. xin (ˉ) →

(三) 正确判断"i""u"并列时声调符号的位置

"i"와 "u"가 나란히 쓰이는 다음 경우에 성조 부호를 정확하게 표기하세요.

例 liu (ˊ) → liú   gui (ˋ) → guì

1. diu (ˉ) →   2. tui (ˋ) →   3. miu (ˋ) →

4. qiu (ˊ) →   5. gui (ˇ) →   6. cui (ˉ) →

7. jiu (ˋ) →   8. hui (ˇ) →   9. niu (ˊ) →

(四) 给下列著名历史人物的名字正确标注汉语拼音的声调,并抄写一遍其简体字姓名,熟悉汉字的基本写法

다음과 같은 유명한 역사적인 인물들의 이름에 중국어 병음 부호의 성조를 정확하게 표기하고, 그들의 간체 한자 이름도 한번씩 써보면서 한자를 쓰는 기본방법을 익히세요.

例

이순신   李舜臣 Li Shunchen (ˇ ˋ ˊ)

→ Lǐ Shùnchén 李舜臣

1.

　　　　김구　　　金九 Jin Jiu (ˉ ˇ)

　　　　　　　　　→

2.

　　　　박정희　　朴正熙 Piao Zhengxi (ˊ ˋ ˉ)

　　　　　　　　　→

3.

　　　　안중근　　安重根 An Zhonggen (ˉ ˋ ˉ)

　　　　　　　　　→

4.

　　　　공자　　　孔子 Kongzi (ˇ ˇ)

　　　　　　　　　→

5.

　　　　주희　　　朱熹 Zhu Xi (ˉ ˉ)

　　　　　　　　　→

6. 　　나폴레옹　　拿破仑 Napolun (ˊ ˋ ˊ)

　　→

7. 　　링컨　　　　林肯 Linken (ˊ ˇ)

　　→

(五) 请用简体字写出自己的姓名并标注拼音
　　　간체 한자로 자기 이름을 써보고 병음 부호도 표기하세요.

왜 중국에서 간체 한자 (简体字)를 사용합니까?
(中国为什么使用简体字？)

　　간체 한자는 간편화된 한자 즉 '간화자'라고 일컫고, 간화자가 나타나기 전에 쓰이던 번거로운 한자는 "번체 한자"라고 일컫는다. 전체적으로 보면 번체 한자는 구조도 복잡할 뿐만 아니라 이체자(발음과 의미가 똑같은 한자가 여러 가지 다른 방식으로 글자 쓰기가 가능한 한자)도 아주 많기 때문에 한자의 공부, 쓰기, 그리고 사용에 다양한 불편이 따라다녔다. 한자 쓰기를 규범화하고 개선하기 위하여 1956년에 중국 정부는 "한자간화방안"을 공포하여 515개 간화자와 54개 간화 한자부수를 발표했다. 그것은 자고이래 한자 역사상의 최대 개혁이었다. 간화자는 한자의 획수를 크게 줄였으므로 한자 공부할 때나 어떤 필기구로 쓰기를 할 때 들이는 시간을 절약함으로써 한자가 발전하려면 따르게 마련인 어떤 역사적인 흐름에 잘 부합하게 되었다. 하지만 중국 대륙내를 제외한 대만,

홍콩 및 마카오 일대는 역사적인 원인 때문에 여전히 번체 한자를 사용해오고 있다. 싱가포르도 간체 한자를 사용하며 한국에서 사용하는 한자는 번체 한자에 속한다.

　　简体字又称简化字,简化前的汉字被称为繁体字。从整体来看,繁体字不仅结构复杂,而且异体字很多,给汉字的学习、书写和使用带来诸多不便。为规范和改良汉字的书写功能,1956年中国政府发布"汉字简化方案",公布了515个简化字和54个简化偏旁。这是汉字历史上最大的一次汉字改革。简化字大量减少了汉字的笔画,节约了学习和书写时间,符合汉字发展的历史趋势。目前除中国内地外,台湾、香港、澳门地区仍使用繁体字。新加坡也使用简体汉字,韩国使用的汉字属于繁体字。

第三课　你叫什么名字？
Nǐ jiào shénme míngzi?
당신 이름은 어떻게 부르지요?

生词　Shēngcí 새 단어

1. 叫　jiào　동　~라고 부르다
2. 什么　shénme　대　무엇. 무슨
3. 名字　míngzi　명　이름
4. 我　wǒ　대　나. 저
5. 金智贤　Jīn Zhìxián　고유　김지현 (한국인 인명)
6. 是　shì　동　~이다
7. 中国　Zhōngguó　고유　중국
8. 人　rén　명　사람
9. 吗　ma　조　의문을 나타내는 어기 조사
10. 不　bù　부　~이 아니다, ~하지 않다
11. 韩国　Hánguó　고유　한국
12. 对不起　duìbuqǐ　　미안하다
13. 没关系　méi guānxi　　괜찮다
14. 谢谢　xièxie　동　감사하다
15. 不客气　bú kèqi　　천만에요 (원래 뜻은 '너무 예의 차리지 마세요'이다)

| 16. | 爱 | ài | 동 | 사랑하다 |
| 17. | 对 | duì | 형 | 예. 네(긍정을 나타냄). 맞다 |

课文 Kèwén 본문

1

A: 你好,你叫 什么 名字?
　　Nǐ hǎo, nǐ jiào shénme míngzi?

B: 我叫 金智贤。
　　Wǒ jiào Jīn Zhìxián.

A: 你是 中国 人吗?
　　Nǐ shì Zhōngguó rén ma?

B: 不,我不是 中国 人,我是 韩国 人。
　　Bù, wǒ bú shì Zhōngguó rén, wǒ shì Hánguó rén.

2

A: 对不起!
　　Duìbuqǐ!

B: 没 关系。
　　Méi guānxi.

3

A: 谢谢!
　　Xièxie!

B: 不客气。
　　Bú kèqi.

注释 Zhùshì 설명

1 汉语句子的语序　중국어 어구의 일반적인 순서

跟韩语"主语＋宾语＋动词"的一般语序不同,汉语的一般语序为"主语＋动词＋宾语"。如:

한국어의 "주어+목적어+동사"식인 일반 어순과 다르게 중국어의 일반 어순은 "주어+동사+목적어"식이다. 예:

(1) 我叫金智贤。
(2) 老师是中国人。
(3) 我爱你。

2 你叫什么名字?　당신 이름은 어떻게 부르지요?

"你叫什么名字"用来询问对方的姓名,但一般不用于比自己年长或比自己地位高的人。回答时可以说"我叫……"或者"我是……"。常常是连姓带名一起回答。如:

"你叫什么名字"는 상대방의 이름을 묻는 어구이다. 그러나 보통 자기보다 나이 많은 사람이나 지위가 높은 사람에게 쓰지 않는다. 대답하는 방식은 "我叫……" 혹은 "我是……"이다. 보통 성과 이름을 같이 이어서 대답해야 한다. 예:

你叫什么名字?　——我叫李智贤。
　　　　　　　——我是李智贤。

3 疑问助词"吗"　의문 조사 "吗"

助词"吗"放在句尾,用于发问,相当于韩语的"…입니까?""…습니까?"。如:

조사 "吗"를 어구 끝에 붙이면 의문을 나타낸다. 한국어의 "…입니까?"와 "…습니까?"에 해당한다. 예:

(1) 你是中国人吗?
(2) 你叫金智贤吗?
(3) 你爱我吗?

4 "不"的变调 "不"의 성조 변화

"我不是中国人"中的"不",其本来声调是第四声,但如果后面紧跟另一个第四声音节,则"不"的声调变为第二声。如:

"我不是中国人" 중에 있는 "不"의 원래 성조는 제4성이지만 뒤에 다른 제4성과 결합할 때에는 제2성으로 변한다. 예:

不是 (bù+shì) → bú shì
不客气 (bù+kèqi) → bú kèqi

"不"在第一声、第二声和第三声音节之前声调没有变化。如:

"不" 뒤에 제1성, 제2성, 제3성과 결합하는 경우에는 아무런 성조 변화가 없다. 예:

bù gānshè　　（不干涉　불간섭）
bù píngděng　（不平等　불평등）
bù kěnéng　　（不可能　불가능）

5 否定副词"不" 부정 부사 "不"

用于回答,表示与对方问话的意思相反。如:

질문에 대답하는 말로 쓰이면, 질문자의 뜻과 상반됨을 나타낸다. 예:

(1) 老师是韩国人吗?
　　——不,老师不是韩国人,老师是中国人。
(2) 你叫金智爱吗?
　　——不,我叫金智贤。

用于动词、形容词或者某些副词之前,表示否定。如:

동사나 형용사 혹은 일부 부사 앞에 쓰이면 부정을 나타내다. 예:

(1) 我不是中国人。
(2) 我不叫李智贤。
(3) 名字不好。

练习 Liànxí 연습

一 抄写汉字并标注拼音
한자를 한번씩 그대로 쓰고 병음 부호를 표기하세요.

例 *lǎoshī*
   老师 → 老 师

1. 我 →   2. 是 →   3. 爱 →

4. 人 →   5. 名字 →   6. 什么 →

7. 叫 →   8. 中国 →   9. 韩国 →

10. 谢谢 →   11. 不客气 →   12. 对不起 →

13. 没关系 →

二 完成对话 회화를 완성하세요.

1. A: 你好！你_____? 안녕하세요. 당신 이름은 어떻게 부르지요?
   B: 我叫李智贤。

2. A: 你是韩国人____? 한국사람입니까?
   B: ____,我_____韩国人,我_____。
   아니오, 저는 한국 사람이 아니고 중국 사람입니다.

3. A: 智贤,你____!   지현이, 안녕!
   B: _____, 老师。   안녕하세요. 선생님.

4. A: _____,我不爱你。 미안해요. 당신을 사랑하지 않아요.
   B: _____,再见!   괜찮아요. 안녕히 계세요.

三 模仿例句改写句子 보기와 같이 바꾸어 써보세요.

A 例 你好 → 你好吗?

1. 同学们好 →
2. 老师好 →
3. 智贤,你好 →
4. 李老师是中国人 →
5. 你叫金智爱 →

B 例 你是中国人吗? → 不,我不是中国人。

1. 你们是韩国人吗? →
2. 金老师是中国人吗? →
3. 你叫李智贤吗? →
4. 你爱我吗? →

C 例 你是金智爱吗? → 对,我是金智爱。

1. 你是韩国人吗? →
2. 您是李老师吗? →
3. 你爱智贤吗? →
4. 你叫金智贤吗? →

四 根据"不"的变调规则朗读下列词语(韩语中均有相对应的汉字词)

"不"의 성조 변화 규칙에 따라서 다음 단어를 큰 소리로 읽으세요.
(모두 한국어에 해당하는 한자어가 있다.)

1. bùkě   (不可 불가)
2. bùgǎn   (不敢 불감)
3. bùjué   (不觉 불각)
4. bù'ān   (不安 불안)
5. búxìng (不幸 불행)
6. búbiàn (不便 불편)

7. bù jǐngqì　　　（不景气　불경기）　　8. bù guīzé　　（不规则　불규칙）
9. bù chéngrèn　（不承认　불승인）　　10. bú bìyào　　（不必要　불필요）
11. bú jièrù　　　（不介入　불개입）　　12. bú tòumíng　（不透明　불투명）
13. bù yán bù yǔ　（不言不语　불언불어）
14. bù yuǎn qiān lǐ（不远千里　불원천리）
15. bú gù lì hài　（不顾利害　불고이해）
16. bú yì zhī cái（不义之财　불의지재）

五　根据自己的实际情况填空，并仿照例文在全班同学面前说一段话

자기의 실제 상황에 따라서 다음 '보기' 문장을 완성하고, '보기'와 같은 내용을 전체 학생 앞에서 중국어로 발표해 보세요.

보기:

　　大家好！我姓＿＿，叫＿＿＿＿。我不是中国人，我是＿＿国人。我的汉语老师姓＿＿，叫＿＿＿＿。＿＿老师是＿＿国人，不是＿＿国人。

大家 dàjiā 여러분　　姓 xìng 성　　汉语 Hànyǔ 중국어

语音强化训练 (II)　　발음중점훈련 (II)

 声母　Shēngmǔ　성모

j	q	x
z	c	s
zh	ch	sh	r

发音要领 발음요령

① 韩语中与"j、q、x、z、c、s、zh、ch、sh"相似的只有"ㅈ、ㅊ、ㅅ"一组音,因此韩国学生初学时极易将三组声母搞混,可按以上方式将三组声母列成方阵,横排、竖排,上下左右地对比示范和操练。

한국어 중에서 "j、q、x、z、c、s、zh、ch、sh" 와 비슷한 (자음) 발음은 오직 "ㅈ,ㅊ,ㅅ"그룹 뿐이다. 그래서 한국 학생은 중국어를 처음 배울 때에 위의 세 그룹의 성모를 서로 혼동하는 경향이 있다. 그러므로 위와 같은 방식으로 세 그룹의 성모를 진열하여 가로로, 세로로, 위아래로, 좌우로 등등 다양하게 대비하여 발음 시범을 보이고 연습 시키면 좋다.

② 以上三组声母中,韩国学生尤其容易受韩语"ㅈ"的影响而发"z"发不到位。因为发"ㅈ"的时候舌尖抵住下齿背,舌面前部向上接触上齿龈和硬颚;而发"z"的时候舌尖是平伸着的,顶住上齿背,然后舌尖移开些,让气流摩擦而出。为了强调"z"的发音方法,可以用快速而短暂的连续性重复发音(例如连续发5个)帮助学生来把握。"zh, ch, sh"则可以用拖长腔(约5秒)来教,效果较好。

한국어의 "ㅈ" 영향을 받아서인지 한국 학생은 위의 세 그룹의 성모를 발음할 때에 특히 "z"를 잘못 발음하는 경우가 많다. "ㅈ"를 발음할 때에 혀끝이 아랫니 안쪽에 내려와 닿아있고 혓바닥의 앞쪽이 위로 향하여 윗잇몸과 경구개(硬口蓋)에 닿는데 비하여, "z"를 발음할 경우에는 혀끝을 곧게 펴서 윗잇몸에 닿게 한 후에 혀끝을 살짝 떼면서 그 사이로 숨기운을 마찰시켜 소리를 낸다. 학생들이 "z" 의 발음 방법을 터득할 수 있도록 하기 위하여 학생들로 하여금 빠르고 짧게 "z"를 5 번씩 연속적으로 발음하도록 시키는 것이 좋다. "zh, ch, sh"의 경우에는 길게 끄는 방식으로(약 5 초 정도) 발음 시범을 보이고 연습을 시키면 효과가 좋다.

舌位图
발음위치 그림

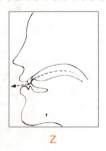

z

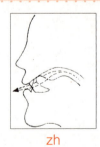

zh

③ "r"的发音是韩国学生的一大难点。韩国学生容易受韩语"ㄹ"的影响而发"r"发不到位。发"ㄹ"的时候舌尖要轻弹一下,无法持续发音;而发"r"的时候舌尖卷起,是浊音,声带振动,可以持续较长时间。所以教"r"的时候,建议用夸张的方式让学生连续10秒钟发"r",他们就可以很快找到感觉。

"r"는 한국 학생에게 좀 어려운 발음이다. 한국어 "ㄹ"의 영향을 받아서인지 "r"의 발음이 정확하지 않는 경우가 많다. "ㄹ"의 경우는 혀끝이 가볍게 한번 떨어야 하기 때문에 길게 발음할 수가 없지만, "r"의 경우는 혀끝을 안으로 말아서 소리 내는 탁음이자 유성음이기 때문에 길게 발음할 수가 있다. 그러므로 "r"를 가르칠 때 학생들로 하여금 아주 호들갑스럽게 10초 동안 중단 없이 "r"를 발음하도록 시키는 것이 정확한 발음 감각을 터득하는 데에 도움이 된다.

二 韵母 Yùnmǔ 운모

ai	ei	ao	ou		an	ang	en	eng	ong
ia	ie	iao	iou(–iu)		ian	iang	in	ing	iong
ua	uo	uai	uei(–ui)		uan	uang	uen(–un)		ueng
üe	üan	ün							

发音要领 발음요령

① 只要掌握单韵母的正确发音,以上复韵母的发音都比较容易。

단운모를 정확하게 발음할 수 있다면 위의 복운모 발음도 비교적 쉽다.

② 韩国学生常常问"ong"跟"ueng"有何区别,实际上二者发音的确近似,只不过"ong"的韵头比"ueng"拢得更圆些,且在实际的汉语音节中,"ueng"只单独自成音节而不与任何其他声母拼合;"ong"则从不单独使用而只与其他声母拼合使用,如"hong""gong"等。

한국 학생들은 "ong"과 "ueng"이 어떻게 다르냐고 자주 묻는다. 사실 그 두 발음은 확실히 아주 비슷하다 하겠다. 단지 "ong"의 시작 모음이 "ueng"보다 입술을 조금 더 둥글게 오므리게 된다. 실제적으로는 중국어 음절 중에서 "ueng"은 단독으로만 쓰이고 다른 성모와 결합하지 않는다. 하지만 "ong"은 단독으로 음절이 되는 경우가 없고 반드시 다른 성모와 결합하여 소리 난다. 예를 들면 "hong"、"gong" 등이 그러하다.

③ 受韩语"위"的影响，韩国学生发"ü"时唇部不够紧张，连带"üe, üan, ün"也容易发音不到位，教师可以用拖长腔的方式先领着学生复习"ü"的发音，然后重点强调和示范"üe, üan, ün"。

한국어 "위"의 발음 영향을 받아서인지 한국 학생들은 "ü"를 발음할 때에 입술을 둥글게 오므리고 내미는 정도가 모자라는 편이며, 그것 때문에 "üe, üan, ün"를 발음할 때에도 발음 오류가 잘 일어난다. 선생님께서 길게 끄는 발음 방법으로 "ü"의 발음을 복습시킨 후에 "üe, üan, ün"에 중점을 두고 시범을 보이면서 연습 시키면 좋겠다.

练习 Liànxí 연습

(一) 辨音练习 다음 두 병음 부호를 차이나게 발음해 보세요.

1. zī / jī / zhī   qì / cì / chì   rì / lì   xí / shí
2. sā / shā   zhú / zú   cǐ / chǐ   cū / chū
3. jiàn / qiàn   suān / shuān   zuì / zhuì   ràng / làng
4. zé / zhé   jiě / xiě   sè / shè   chē / cè   rè / lè
5. sì / sè   shí / shé   cè / cì   chē / chī
   zé / zì   zhě / zhǐ   rè / rì

(二) 练习下面的绕口令 다음 "잰말놀이"를 연습하세요.

4 是 4	sì shì sì	4 는 4 다
10 是 10	shí shì shí	10 은 10 이다
14 是 14	shísì shì shísì	14 는 14 다
40 是 40	sìshí shì sìshí	40 은 40 이다
44 是 44	sìshísì shì sìshísì	44 는 44 다

28

(三) 朗读下列词语(韩国语中均有相对应的汉字词)
다음 단어를 큰 소리로 읽어보세요. (모두 한국어 중에 해당하는 한자어가 있다.)

1. gōngpíng　　（公平 공평하다）　　2. shìjiè　　　（世界 세계）
3. àiqíng　　　（爱情 애정）　　　　4. guójiā　　　（国家 국가）
5. shuōmíng　　（说明 설명하다）　　6. gōngchǎng　（工厂 공장）
7. rènshi　　　（认识 인식하다）　　8. rénshēn　　（人参 인삼）
9. fùxí　　　　（复习 복습하다）　　10. zōngjiào　（宗教 종교）
11. xiāohuà bù liáng　（消化不良 소화불량）
12. ruò ròu qiáng shí （弱肉强食 약육강식）

拼音书写规则　병음 부호의 표기 규칙

规则(一)　규칙(一)

隔音符号" ' "："a, o, e"开头的音节若连接在其他音节之后,应用隔音符号" ' "隔开,以免音节界限混乱。如:

> 격음 부호 " ' "："a, o, e"로 시작하는 음절이 다른 음절의 뒤에 이어서 쓰일 경우에 음절간의 경계 혼란을 피하기 위하여 격음 부호 " ' "를 사용해야 한다. 예:

平安 → píng'ān　　píngān ✕
饥饿 → jī'è　　　　jīè ✕

练习　Liànxí　연습

正确书写隔音符号并大声朗读下列音节
다음 음절에 정확하게 격음 부호를 표기하고, 큰 소리로 읽으세요.

例　shēn + ào → shēn'ào

1. bù + ān →   2. gāo + áng →

3. zuò + ǒu →   4. bái + é →

5. xiōng + è →   6. jī + áng →

7. bēi + āi →   8. Xī + ōu →

规则（二） 규칙(二)

1. "i" "in"和"ing"自成音节的情况下，前面加上"y"。如：

"i" 나 "in" 혹은 "ing" 가 단독으로 하나의 음절을 이루었으면 앞에 "y" 를 붙여 준다. 예:

     i → yi   in → yin   ing → ying

2. "i"处于一个音节（"in"和"ing"除外）的开头时，应写成"y"。如：

"i"로 시작하는 음절 ("i"와 "in"제외) 일 경우 "i"를 "y"로 바꾸어 표기한다. 예:

     ie → ye   iou → you

 练习   Liànxí   연습

正确书写所给的音节并大声朗读
표기 규칙에 따라 다음 음절을 정확하게 바꾸어 쓰고, 큰 소리로 읽으세요.

例   iou (ˇ) → yǒu

1. i (ˋ) →   2. ian (ˉ) →   3. iou (ˇ) →

4. ie (ˋ) →   5. iang (ˊ) →   6. ing (ˉ) →

7. in (`) →   8. ia (´) →   9. iong (ˇ) →

10. iang (`) →

规则(三) 규칙(三)

1. "u"自成音节的情况下,前面加上"w"。如：

   "u"가 단독으로 하나의 음절을 이루었으면 앞에 "w"를 붙여준다. 예:

   u → wu

2. "u"处于一个音节的开头时,应写成"w"。如：

   "u"로 시작하는 음절에서는 "u"를 "w"로 바꾸어 표기한다. 예:

   uan → wan   uo → wo

练习 Liànxí 연습

正确书写所给的音节并大声朗读
표기 규칙에 따라 다음 음절을 정확하게 바꾸어 쓰고, 큰 소리로 읽으시오.

例 uo (ˇ) → wǒ

1. uan (`) →   2. uei (ˉ) →   3. uang (ˇ) →

4. uen (`) →     5. ua (`) →   6. ueng (ˉ) →

7. uai (`) →   8. u (´) →

规则（四） 규칙(四)

1. "ü"自成音节或者处于一个音节开头的位置时，应写成"yu"。如：

"ü"가 그것 하나만으로 음절을 이루거나 혹은 음절 첫머리에 들어있는 경우에는 "ü"를 "yu"로 바꾸어 표기한다. 예:

    ü → yu   ün → yun

2. "j, q, x"和"ü"以及以"ü"开头的韵母拼合时，"ü"上面的两点省略。如：

"j,q,x"가 "ü" 혹은 "ü"로 시작하는 운모와 결합할 경우에는 "ü" 위의 두 점은 생략한다. 예:

    j + ü → ju   q + üe → que

练习 Liànxí 연습

▶ 正确书写所给的音节并大声朗读
표기 규칙에 따라 다음 음절을 정확하게 바꾸어 쓰고, 큰 소리로 읽으시오.

A 例   ü(ˋ) → yù

1. ü (ˇ) →   2. ün (ˊ) →   3. üe (ˋ) →

4. üan (ˉ) →   5. ü (ˊ) →   6. üe (ˉ) →

7. üan (ˊ) →   8. ün (ˇ) →

B 例   j + ü(ˇ) → jǔ

1. x + ü (ˊ) →   2. q + ü (ˇ) →   3. j + üe (ˋ) →

4. x + üan (ˉ) →   5. q + ün (ˊ) →   6. j + üe (ˊ) →

7. j + üan (ˉ) →   8. x + ün (ˊ) →

学习数字   숫자 공부

0 líng	1 yī	2 èr	3 sān	4 sì
零	一	二	三	四
5 wǔ	6 liù	7 qī	8 bā	9 jiǔ
五	六	七	八	九
10 shí	11 shíyī	19 shíjiǔ	100 yìbǎi	102 yìbǎilíng'èr
十	十一	十九	一百	一百零二

练习 Liànxí 연습

(一) 熟悉中国人表示数字的相关手势
중국 사람이 숫자를 표시할 때에 보여주는 손가락 모양을 익히세요.

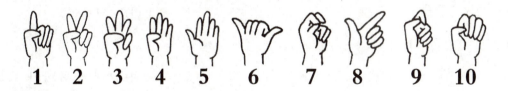

(二) 让学生口口相传,轮流数数,数到一百
학생들 간에 돌아가며 입으로 100 까지 숫자를 세게 하세요.

第四课　肚子饿吗？
Dùzi è ma?
배 고프니?

生词 Shēngcí 새 단어

1. 肚子	dùzi	명	배
2. 饿	è	형	배고프다
3. 很	hěn	부	매우. 아주
4. 渴	kě	형	목마르다. 갈증나다
5. 喝	hē	동	마시다
6. 可乐 (可口可乐)	kělè (Kěkǒukělè)	명	콜라(코카콜라)
7. 呢	ne	조	문장 끝에 사용하여 의문을 표시하는 의문 조사
8. 想	xiǎng	동	~하고 싶다
9. 吃	chī	동	먹다
10. 冰淇淋	bīngqílín	명	아이스크림
11. 咖啡	kāfēi	명	커피
12. 方便面	fāngbiànmiàn	명	라면
13. 水	shuǐ	명	물

14. 面包	miànbāo	명	빵
15. 米饭	mǐfàn	명	쌀밥
16. 我们	wǒmen	대	우리
17. 他	tā	대	그. 그 사람
18. 他们	tāmen	대	그들
19. 她	tā	대	그녀
20. 她们	tāmen	대	그녀들
21. 啤酒	píjiǔ	명	맥주
22. 矿泉水	kuàngquánshuǐ	명	생수
23. 茶	chá	명	차

课文 Kèwén 본문

A : 肚子饿吗?
　　 Dùzi è ma?

B : 我不饿, 我很渴。
　　 Wǒ bú è, wǒ hěn kě.

A : 你喝什么?
　　 Nǐ hē shénme?

B : 我喝可乐。你呢?
　　 Wǒ hē kělè.　 Nǐ ne?

A : 我 想 吃冰淇淋。
　　 Wǒ xiǎng chī bīngqílín.

注释 Zhùshì 설명

1 三个第三声音节的连读和半三声
　　제3성이 한꺼번에 세 번씩 거듭될 경우와 반3성

"我很渴(wǒ hěn kě)"是三个第三声音节连读，在这种情况下，第一个第三声音节可以读作第二声，也可以读作半三声。如：

"我很渴 (wǒ hěn kě)"의 경우는 제3성이 한꺼번에 세 번씩 거듭된 어구이다. 이런 경우에는 제일 앞의 제3성이 제2성으로 변하여 소리나기도 하고, 반3성으로 변하여 소리나기도 한다. (앞에서 배웠듯이 이런 경우에 두 번째 제3성은 당연히 제2성으로 변하여 소리난다.) :

所谓半三声，就是只读第三声的前半部分(下降部分)，不读后半的上升部分：

"반3성"이란 제3성의 앞 부분(내려가는 부분)만 소리나고, 뒤의 올라가는 부분은 소리나지 않는 성조이다：

```
高    고    5
半高  반고  4
中    중    3
半低  반저  2
低    저    1
```

第三声音节后面如果不是跟另外一个第三声音节连读，而是跟一个第一声、第二声、第四声或轻声音节连读，则前面的第三声音节都读作半三声。如：

제3성 뒤에 다른 제3성이 아닌 제1성, 제2성, 제4성 혹은 경성이 이어지면 그 제3성은 반3성으로 변하여 소리난다. 예：

　　lǎoshī　　měiguó　　gǔlì　　nǐmen

② **你呢？** 너는?

这里"呢"是疑问助词,就上面提到的同一话题询问对方,相当于韩语的"~는요?"如:

여기서 "呢"는 의문 조사이며, 앞의 화제와 똑같은 내용을 상대방에게 질문함을 나타낸다. 한국어의 "~는요?"와 비슷하다. 예:

(1) 我喝可乐,你呢? —— 我喝咖啡。
(2) 我吃冰淇淋,你呢? —— 我吃方便面。

③ **我想吃冰淇淋。** 나는 아이스크림을 먹고 싶어.

句中的"想"是动词,表示愿望,后面一定带动词性宾语,并可以受程度副词修饰。"想"相当于韩语的"~하고 싶다"。如:

여기서 "想"은 동사이며, 바람이나 희망을 나타낸다. 뒤에 반드시 동사목적어를 수반하며, 정도부사의 수식을 받을 수 있다. "想"은 한국어의 "~하고 싶다"에 해당한다. 예:

(1) 我想喝水。
(2) 他很想吃面包。
(3) 你想吃冰淇淋吗?

练习 Liànxí 연습

一 练习半三声的发音 반 3성의 발음을 연습하세요.

1. lǎoshī　（老师 선생님）　　2. hǎo rén　（好人 좋은 사람）
3. Běijīng　（北京 북경）　　4. Fǎguó　（法国 프랑스）
5. yǒu'ài　（友爱 우애）　　6. lǚxíng　（旅行 여행）
7. yǔyán　（语言 언어）　　8. mǐfàn　（米饭 쌀밥）
9. nǐmen　（你们 당신들）　　10. zǎoshang　（早上 아침）
11. xiǎoqi　（小气 인색하다）　　12. lǎohǔ　（老虎 호랑이）

二 看图填空　그림을 보고 회화를 완성하세요.

1. A：智贤,你喝什么？
   B：我_____。

2. A：李老师,您喝什么？
   B：我_____。

3. A：你吃什么？
   B：我_____。

4. A：智爱,你想吃什么？
   B：我_____。

三 模仿例句改写句子　보기와 같이 바꾸어 써보세요.

A 例　我不饿。→ 我们不饿。

1. 你是韩国人。→
2. 我吃米饭。→
3. 他肚子很饿。→
4. 她喝咖啡。→
5. 李老师好吗？→
6. 金智贤同学想喝啤酒。→

B 例　我喝可乐。→ 你喝什么？

1. 我吃冰淇淋。→
2. 金老师喝矿泉水。→
3. 她叫李智贤。→
4. 他们吃方便面。→

C 例　你渴吗？→ 我很渴。

1. 你肚子饿吗？→
2. 她好吗？→
3. 你们渴吗？→
4. 你想喝水吗？→
5. 你想吃面包吗？→

D 例　我很饿，你呢？→ 我不饿。

1. 我不渴，你呢？→
2. 我们吃面包，你们呢？
3. 我是中国人，你呢？→
4. 李老师喝茶，金老师呢？→
5. 他们吃米饭，你们呢？→

E 例　我们喝矿泉水。→ 我们想喝矿泉水。

1. 她吃冰淇淋。→
2. 我喝茶。→
3. 你喝什么？→
4. 你们吃什么？→
5. 他们吃方便面。→

四　完成并背诵下面的对话，然后两人一组做会话练习

다음 회화를 완성하여 암기하고, 그 후에 학생 두 명씩 짝을 지어서 회화 연습을 하세요.

（一）

A：_____（对方的名字 상대방 이름），你_____吗？

B：饿。有吃的吗？

A：有。有面包、_____和_____。

B: 那是什么？

A: 那是冰淇淋。你想吃_____？

B: 想吃！我吃冰淇淋，你吃_____，好吗？

A: 不好。对不_____，你吃_____，我吃冰淇淋！

(二)

A: _____(对方的名字 상대방 이름)，你渴吗？

B: 我_____渴。有饮料吗？

A: 有。有可乐、_____和_____。

B: 我喝_____。你呢？

A: 我喝_____。你朋友喝什么？

B: 他喝_____。

有	yǒu	있다	和	hé	~와
吃的	chīde	먹거리	那	nà	그것
饮料	yǐnliào	음료수	朋友	péngyou	친구

语音强化训练 (Ⅲ) 발음중점훈련 (Ⅲ)

儿化 Érhuà

"er"常附着在其他韵母的尾部，使该韵母成为儿化韵母。儿化韵母的写法是在原韵母之后加"-r"。如：

> "er"는 다른 운모의 뒤에 붙어서 儿化운모를 만든다. 따라서 중국어의 발음을 나타내는 병음 부호에서 儿化운모를 표기하는 방법은 원래의 운모 뒤에 "-r"을 붙여주는 것이다. 예:

玩 wán → wánr

刀 dāo → dāor

字 zì → zìr

本 běn → běnr

练习 Liànxí 연습

一 朗读下列词语，注意儿化韵的读法
儿化운모의 발음을 주의하며 다음 단어를 큰 소리로 읽으세요.

1. hǎowánr　（好玩儿）　　2. méihuār　（梅花儿）
3. cháguǎnr　（茶馆儿）　　4. hòuménr　（后门儿）
5. liǎndànr　（脸蛋儿）　　6. xiě zìr　（写字儿）
7. xiǎodāor　（小刀儿）　　8. bīnggùnr　（冰棍儿）
9. yìdiǎnr　（一点儿）　　10. huājuǎnr　（花卷儿）
11. miàntiáor　（面条儿）　12. fěnmòr　（粉末儿）

二 "一"的变调　"一"의 성조 변화

"一"本来的声调是第一声，单个儿念或者作为词语末端字念时读本来的声调。如：

"一"의 원래 성조는 제1성이며, 단독으로 혹은 단어의 마지막 글자로서 읽을 때에 원래 성조 그대로 읽는다. 예：

三十一（삼십일）sānshíyī
单一（단일하다）dānyī
万一（만약）wànyī
五一劳动节（오일노동절）Wǔyī Láodòng Jié

但是，"一"后面跟第一、二、三声音节相结合时，声调变为第四声。如：

그러나 "一"뒤에 제1성, 제2성, 그리고 제3성과 결합할 때에 제4성으로 변하여 소리난다. 예：

一千（천）yīqiān → yìqiān
一年（일년）yīnián → yìnián
一百（백）yībǎi → yìbǎi

"一"后面跟第四声音节相结合时，声调变为第二声。如：

"一"뒤에 제4성과 결합할 때에 제2성으로 변하여 소리난다. 예：

一个(한개) yī gè → yí gè

一旦(일단) yīdàn → yídàn

练习 Liànxí 연습

朗读下列词语(韩语中均有相对应的汉字词),注意"一"的变调;然后抄写一遍,熟悉汉字的写法

"一"의 성조 변화를 주의하여 다음 단어를 큰 소리로 읽으세요. (모두 한국어 중에 해당하는 한자어가 있다). 그리고 다음 모든 한자 단어를 한번씩 써보면서 한자를 쓰는 기본 방법도 익히세요.

1. yìbān   (一般 일반)
2. yì zhōu   (一周 일주)
3. yìshēng   (一生 일생)
4. yíguàn   (一贯 일관)
5. yí jiàn   (一件 일건)
6. yī duì yī (一对一 일대일)
7. yì jǔ liǎng dé   (一举两得 일거양득)
8. yì wǎng dǎ jìn   (一网打尽 일망타진)
9. yí wèn yì dá   (一问一答 일문일답)
10. yì fēn yì miǎo   (一分一秒 일분일초)
11. yì bēi yì xǐ   (一悲一喜 일비일희)
12. yí mù liǎo rán   (一目了然 일목요연)
13. yí mài xiāng tōng (一脉相通 일맥상통)

课堂用语 Kètáng yòngyǔ 교실 중국어

1. 现在 开始 上 课。 지금부터 수업을 시작합니다.
   Xiànzài kāishǐ shàng kè.
2. 今天 学习 第一课。 오늘은 제1과를 공부합니다.
   Jīntiān xuéxí dì-yī kè.
3. 打开 课本 第八页。 교과서 8쪽을 펴보세요.
   Dǎkāi kèběn dì-bā yè.

4. 请 跟 我 读。 저를 따라서 읽어보세요.
   Qǐng gēn wǒ dú.
5. 几 声? 몇 성입니까?
   Jǐ shēng?
6. 什么 意思? 무슨 뜻입니까?
   Shénme yìsi?
7. 请 回答 问题。 질문에 대답해 보세요.
   Qǐng huídá wèntí.
8. 休息 十 分钟。 10분 동안 쉬겠습니다.
   Xiūxi shí fēnzhōng.
9. 下 课。 수업을 마칩니다.
   Xià kè.
10. 老师 辛苦 了。 선생님, 수고하셨습니다.
    Lǎoshī xīnkǔ le.

왜 중국어 발음은 영어 자모와 비슷한 "한어병음"
(汉语拼音)으로 표기합니까?
(为什么汉语的语音用类似英文字母的拼音来标注?)

　　중국은 땅이 넓고 방언도 많기 때문에 똑같은 한자 하나를 각 지방 특유의 방식으로 읽게 되면 소리가 다르게 나기도 한다. 그러므로 각 지방 공민들간의 교류를 편리하게 만들기 위하여 중국 정부는 1956년부터 북경의 발음방식을 표준음으로 삼는 "보통말(普通話)"을 힘껏 보급시켰다. 그리고 중국국가문자개혁위원회에 속한 <병음방안위원회>가 "한어병음방안"을 제정하여 1958년에 전국에 걸쳐 공포하게 되었다. 중국어 병음 부호는 명나라, 청나라이래 나타난 여러 가지 중국어 발음 표기법의 장점을 흡수하고 알파벳을 사용하기 때문에 북경 사람들의 실제 말소리에 부합할 뿐만 아니라 국제적으로 보급하기도 편리하다.

수십년간의 시행 결과 이 병음 방안이 표준어 보급, 문맹퇴치 및 초급 교육에 아주 큰 효과가 있음이 증명되었고, 국제적으로도 널리 승인을 받았다. 중국 대륙에서 초등학교 1학년 학생들은 모두 한자를 알기 이전에 반드시 병음 부호를 배워야 하고, 이 병음 부호를 통하여 매 한자 하나하나마다의 표준 발음을 익히게 된다. 그리고 컴퓨터가 널리 보급되고 있는 오늘날에도 이 병음 부호가 한자를 입력하는 무척 중요한 방식임에 틀림없다.

중국 대륙을 제외한 싱가포르도 70년대 중기부터 중국어 병음 교육을 실시해 왔다. 그러나 중국대만과 홍콩 일대는 역사적인 원인 때문에 1913년에 <중국독음통일회>가 제정한 "주음부호"란 표기법을 계속 사용하고 있다.

中国幅员辽阔,方言众多,同一个汉字用各地的方言来读,其发音各不相同。为方便各方言区之间的交流,中国政府1956年以来大力推广以北京语音为标准音的普通话,由国家文字改革委员会下属的"拼音方案委员会"制定了《汉语拼音方案》,1958年向全国公布。汉语拼音方案吸取了明清以来各种注音方案的优点,使用拉丁字母,既符合北京音的语音实际,又便于在国际上推广。经过几十年来的实践证明,这套方案对推广普通话、普及识字和初等教育起到很大作用,在国际上也被普遍认可。中国内地小学一年级的学生在识字之前都要学习汉语拼音,通过汉语拼音可以记住每个汉字的准确读音。另外,在电脑普及的今天,汉语拼音也是非常重要的汉字输入方式。除了中国以外,新加坡也于70年代中期开始实施汉语拼音教学。但中国台湾和香港地区因历史原因仍沿用1913年中国读音统一会制定的"注音符号"。

第五课　多少　钱？
Duōshao qián?
얼마입니까?

生词　Shēngcí　새 단어

1. 多少	duōshao	대	얼마. 몇
2. 钱	qián	명	돈
3. 去	qù	동	가다
4. 哪儿	nǎr	대	어디. 어느 곳
5. 银行	yínháng	명	은행
6. 要	yào	조동/동	~하려고 하다. 필요하다
7. 换	huàn	동	바꾸다. 교환하다
8. 美元	měiyuán	명	달러(미국 화폐 단위)
9. 也	yě	부	~도. 또한. 역시
10. 韩币	hánbì	명	한국돈
11. 买	mǎi	동	사다
12. 瓶(儿)	píng(r)	명/양	병
13. 两	liǎng	수	두(둘). 2
14. 块(元)	kuài(yuán)	양	중국 화폐 단위
15. 杯	bēi	명/양	잔. 컵
16. 毛(角)	máo(jiǎo)	양	중국 화폐 단위; 1毛(角)는 1块(元)의 십분의 일

17. 分	fēn	양	중국 화폐 단위; 1分은 1毛(角)의 십분의 일
18. 个	gè	양	개(가장 광범위하게 쓰이는 양사)
19. 牛奶	niúnǎi	명	우유
20. 盒(儿)	hé(r)	명 양	갑. 통
21. 烟	yān	명	담배
22. 罐(儿)	guàn(r)	명 양	캔. 깡통
23. 包	bāo	명 양	보자기. 봉지

课文 Kèwén 본문

1

A: 你 去 哪儿?
　　Nǐ qù nǎr?

B: 我 去 银行。我 要 换 钱。
　　Wǒ qù yínháng. Wǒ yào huàn qián.

A: 换 多少?
　　Huàn duōshao?

B: 换 五百 美元。你 也 去 吗?
　　Huàn wǔbǎi měiyuán. Nǐ yě qù ma?

A: 我 也 去。我 要 换 韩币。
　　Wǒ yě qù. Wǒ yào huàn hánbì.

2

A: 您 好,您 要 什么?
　　Nín hǎo, nín yào shénme?

B：我买 矿泉水。一瓶 矿泉水 多少 钱？
　　Wǒ mǎi kuàngquánshuǐ. Yì píng kuàngquánshuǐ duōshao qián?

A：两 块五。
　　Liǎng kuài wǔ.

注释　Zhùshì　설명

1 "要"的用法　"要"의 쓰임새

本课中的"要"有两个用法：

본문 속에 나온 "要"는 두 가지 쓰임새가 있다：

1) 助动词，表示做某事的意志和意愿。相当于韩语的"~하겠다"或者"~하려고 하다"。一般句型为"主语+要+动词+宾语"。如：

조동사로서 어떤 일에 대한 의지를 나타낸다. 한국어의 "~하겠다" 혹은 "~하려고 하다"에 해당한다. 보통 어구 구성방식은 "주어+要+동사+목적어"이다. 예：

(1) 我要换钱。
(2) 我要喝水。
(3) 他要去银行。

2) 动词，表示要求和索取。相当于韩语的"~를 달라고 하다"或者"~를 주세요"。一般句型为"主语+要+宾语"。如：

동사로서 원함이나 바람을 나타낸다. 한국어의 "~를 달라고 하다"나 "~를 주세요"에 해당한다. 보통 어구 구성방식은 "주어+要+목적어"이다. 예：

(1) 您要什么？（무엇을 드릴까요?）
(2) 我要矿泉水，不要可乐。（콜라가 아니라, 생수를 주세요.）
(3) 我要一杯咖啡。（커피 한 잔 주세요.）

2 我也去。나도 갈게요

韩语中可以说"나도"，受此影响，韩国学生常说"我也"，这是不对的，因为汉语副词"也"跟"도"用法不同，后面不能省略动词。如：

한국어 중에서 앞에 언급되었던 말을 생략한 형태로 "나도"라고 말하고 말을 마치는 언어 습관이 있기 때문인지 몰라도, 이 습관에 따라 한국 학생은 중국어를 말하는 상황에서도 "我也"라고 말하고 말을 마치곤 한다. 하지만 그것은 틀린 말씨이다. 왜냐하면 중국어 부사인 "也"는 한국어의 "도"와 쓰임새가 달라서 뒤에 오는 동사를 생략할 수 없다. 예:

(1) 我去,他也去。　　　　　（我去,他也。×）
(2) A: 我爱她。
　　B: 我也爱她。　　　　　（我也。×）
(3) A: 我要换美元。
　　B: 我也要换美元。　　　（我也。×）

3 货币单位　화폐 단위

中国货币的名称为"人民币(rénmínbì)",其代表符号为"￥"。"元""角""分"是人民币的单位,但口语中使用"块""毛""分"。"元""角""分"主要用于较为正式的书写和标价。三种单位的比值如下:

중국 화폐는 "人民币（rénmínbì）"라고 부르며, 공식적인 부호는 "￥"이다. "元", "角", "分"은 모두 중국 화폐의 단위이나, 입말(口语) 중에서는 주로 "块", "毛", "分"으로 쓰인다. 공식적으로 액수를 기입할 때에나 상점의 물품 가격표시 에는 보통 "元","角","分"을 쓴다. 이상 3 가지 단위 환산법은 다음과 같다:

1 元 / 块 = 10 角 / 毛 = 100 分　　1 角 / 毛 = 10 分

口语中说价格要按"块 / 毛 / 分"的顺序,最后面的单位常常省略。如:

입말 중에서 가격을 말할 때에는 "块/ 毛 /分"의 순서로 해야 하며, 마지막 단위는 생략되는 경우가 많다. 예:

￥8.90 → 八块九(毛)
￥4.67 → 四块六毛七(分)
￥1.05 → 一块零五(分)
￥107 → 一百零七(块)

4 "两"和"二"的区别 "两"과"二"의 차의점

二者的主要区别是:一般量词前要用"两"而不能用"二"。"两"相当于韩语量词前的"두"。如:

이 두 가지의 차이점은 다음과 같다. 즉 보통 양사 앞에는 "二"대신에 "两"을 써야 하며, "两"은 한국어 양사 앞에 쓰이는 "두"와 비슷한다. 예:

两块钱　两瓶水　两个面包　两杯牛奶
(二块钱×二瓶水×二个面包×二杯牛奶×)

练习　Liànxí　연습

一　练习下面的货币单位　다음 화폐 단위를 연습하세요.

例　￥3.15 → 三块一毛五(分)
　　$480 → 四百八十美元

1. ￥2.10 →　　　　　2. ￥5.80 →
3. ￥13.20 →　　　　 4. ￥6.79 →
5. ￥102 →　　　　　 6. ￥12.12 →
7. $350 →　　　　　 8. $420 →
9. $894 →　　　　　 10. $109 →

二　看图填写正确的量词
　　그림을 보고, 정확하게 해당 양사를 기입해 보세요.

例　两瓶矿泉水

1. 一____啤酒

2. 两____面包

3. 三____牛奶

4. 四____烟

5. 五____可乐

6. 六____方便面

7. 七____冰淇淋

8. 八____咖啡

9. 九____韩国人

10. 十____中国人

三 模仿例句改写句子 보기와 같이 바꾸어 써보세요.

A 例   我去银行。→ 我要去银行。

1. 我们换美元。→
2. 我吃米饭。→
3. 她吃冰淇淋。→
4. 他们换韩币。→
5. 智贤去中国。→
6. 我买两盒烟。→

B 例   你要什么？/ 可乐(1) → 我要一罐可乐。

1. 李老师,您要什么？/ 茶 (1) →
2. 你们要什么？/ 啤酒 (10) →
3. 智贤,你要什么？/ 咖啡(1) →
4. 他们要多少钱？/ 美元(950)。→
5. 你们要什么？/ 方便面 (20)。→

C 例   咖啡 / ￥2.00 → 一杯咖啡多少钱？——两块。

1. 可乐 / ￥2.50 →
2. 面包 / ￥1.70 →
3. 牛奶 / ￥4.60 →
4. 烟 / ￥4.40 →
5. 冰淇淋 / ￥3.60 →

D 例   他要换钱。(我) → 我也要换钱。

1. 李老师喝茶。(金老师) →
2. 一个冰淇淋是两块二。(一个面包) →
3. 她不想去。/ (我) →
4. 他要一杯咖啡。/ (我) →
5. 他们去中国。/ (我们) →

E 例　你买什么？（牛奶）→ 我买牛奶。

1. 她买什么？（矿泉水）→
2. 他买什么？（烟）→
3. 你们买什么？（啤酒）→
4. 金老师买什么？（中国茶）→

四　选词填空　보기에서 골라 빈칸을 채우세요.

多少　也　喝　冰淇淋　美元　银行　块　肚子

1. 对不起,我不＿＿＿茶,我＿＿＿咖啡。
2. A:你要＿＿＿钱？ B:我要五百＿＿＿钱。
3. 我＿＿＿很饿,我要买面包。
4. 我们不换＿＿＿,我们换韩币。
5. 他们也去＿＿＿换钱。
6. 我＿＿＿要吃米饭。
7. 我买三个＿＿＿,你一个,我一个,他一个。

五　填空,然后两人一组模仿表演

다음 회화를 완성하고, 그 후에 두 사람씩 짝을 지어 연극을 하듯이 회화를 연습하세요.

1. A: 我要换钱。

   B: 换多少？

   A: 换＿＿＿美元(＿＿＿韩币)。

   　一百美元(一万韩币)可以换多少人民币？

   B: ＿＿＿(＿＿＿)。

万 wàn　만(숫자)　可以 kěyǐ　할 수 있다

2. A: 您要什么？
   B: 我要一＿＿＿＿，两＿＿＿＿，三＿＿＿＿。
   A: 一共＿＿＿＿。
   B: 什么？一共多少钱？
   A: 一共＿＿＿＿。

一共 yígòng 모두

3. A: 你想要什么？
   B: 我想要钱。
   A: 你想要多少钱？
   B: 我想要＿＿＿＿美元。
   A: 什么？＿＿＿＿美元！你疯了！我不是银行！

疯了 fēngle 미쳤다

语音强化训练 (IV)　　발음중점훈련 (IV)

一　辨音练习　다음 발음을 차이나게 읽어보세요.

1. zhǐ / zǐ　　jiào / zhào　　cōng / chōng　　qióng / chóng
2. xiǎo / shǎo　　zān / zhān　　quán / chuán　　jiǎo / zǎo
3. féi / péi　　pàng / fàng　　rú / lú　　lǎn / rǎn
4. chē / chī　　cè / cì　　sì / sè
   shé / shí　　zhǐ / zhě　　zì / zé
5. xí / xié / xué　　qiè / qì / què　　jué / jí / jié
   xuě / xiě / xǐ　　juè / jiè / jì　　qī / qiē / quē

二　练习下面的绕口令　다음 잰말놀이를 연습하세요.

1. Xiǎo sháo yǎo rè yóu.
   小勺舀热油。
   작은 숟가락으로 뜨거운 기름을 푸다.

2. Sān yuè sān, 　　　三月三，　　　3월 3일,
   Xiǎosān qù dēng shān; 小三去登山；셋쨰 애가 등산 간다;
   Shàng shān yòu xià shān, 上山又下山，산에 올라갔다가 다시 내려간다,
   Xià shān yòu shàng shān; 下山又上山；산을 내려왔다가 다시 올라간다;
   Dēngle sān cì shān, 登了三次山；3 번씩이나 등산했다;
   Pǎole sān lǐ sān. 跑了三里三。3.3 리 정도의 거리를 갔다왔다.

课堂用语　Kètáng yòngyǔ　교실 중국어

1. 请　合上　课本。교과서를 덮으세요.
   Qǐng héshang kèběn.

2. 请　大家一起回答。여러분 다 함께 대답해 보세요.
   Qǐng dàjiā yìqǐ huídá.

3. 我们　复习一下　第二课。우리 제2과를 좀 복습해 봅시다.
   Wǒmen fùxí yíxià dì-èr kè.

4. 自己　读一遍　生词，注意　声母、韵母　和　声调。
   Zìjǐ dú yí biàn shēngcí, zhùyì shēngmǔ、yùnmǔ hé shēngdiào.
   스스로 한번씩 '새 단어'를 읽으면서 성모, 운모 그리고 성조를 주의하세요.

5. 轮流　读，一人　读　一个。돌아가며 읽으세요. 한 사람이 하나씩 읽으세요.
   Lúnliú dú, yì rén dú yí gè.

6. 下面　我们　做　一下　练习。다음은 연습 문제를 좀 풀어 봅시다.
   Xiàmiàn wǒmen zuò yíxià liànxí.

7. 我们　做　一个　会话　练习。우리 회화 연습을 좀 해 봅시다.
   Wǒmen zuò yí ge huìhuà liànxí.

8. 有　问题　吗？——没有　问题。질문이 있습니까? —질문이 없습니다.
   Yǒu wèntí ma?——Méiyǒu wèntí.

9. 请　跟　我　说。저를 따라 말해 보세요.
   Qǐng gēn wǒ shuō.

10. 请　再　说　一遍。다시 한번 말씀해 주세요.
    Qǐng zài shuō yí biàn.

"잰말놀이(绕口令)"란게 무엇입니까?
(什么是绕口令？)

"잰말놀이(绕口令)"는 정확하게 소리내기가 어려운 말을 되도록이면 빠르고 정확하게 소리내보는 일종의 말놀이이다. 대체로 성모, 운모 혹은 성조가 너무나도 쉽게 서로 혼돈될 수 있는 한자들로 엮어진 구절을 단숨에 아주 빠르게 읽어보도록 요구한다. 하지만 누구라도 빨리 말하게 되면 말소리가 쉽게 틀리기 일쑤이기 때문에 종종 우스운 장면이 만들어지기도 하면서 싱겁기도 하고 재미있게도 된다. "잰말놀이(绕口令)"는 말씨가 뚜렷하지 않는 어린이나 성인들을 훈련시키는 방법일 뿐만 아니라 동시에 아주 재미나는 말놀이로서 중국 사람들의 일상생활 속에 전해내려오고 있다.

绕口令是一种语言游戏，用声母、韵母或声调极易相混的字编成句子，要求一口气急速念出，说快了容易发生错误。即使是口齿比较清楚的人，快速读绕口令时也很容易出错，令人发笑。绕口令可以用来训练口齿不清的儿童或成年人，同时也作为一种颇有趣味性的语言游戏在民间流传。

第六课　吃饭了吗？
Chī fàn le ma?
식사하셨어요?

生词　Shēngcí　새 단어

1.	饭	fàn	명	밥
2.	了	le	조	보통 동작이 완료되었음을 나타낸다
3.	现在	xiànzài	명	현재. 지금
4.	几	jǐ	수	몇
5.	点	diǎn	양	시
6.	半	bàn	수	반. 30분
7.	还	hái	부	아직. 여전히
8.	没有(没)	méiyǒu(méi)	부	~않았다(동작이나 상태가 이미 발생했음을 부정한다)
9.	咱们	zánmen	대	우리(상대방을 포함하여)
10.	一起	yìqǐ	부	함께. 같이
11.	学校	xuéxiào	명	학교
12.	食堂	shítáng	명	구내식당
13.	午饭	wǔfàn	명	점심밥
14.	死	sǐ	동	죽다

15. 分	fēn	양	분(시간의 단위)	
16. 刻	kè	양	15 분	
17. 差	chà	형	부족하다. 표준에 못 미치다	
18. 学习	xuéxí	동	공부하다. 학습하다	
19. 晚饭	wǎnfàn	명	저녁밥	
20. 累	lèi	형	피곤하다	
21. 早饭	zǎofàn	명	아침밥	
22. 图书馆	túshūguǎn	명	도서관	
23. 商店	shāngdiàn	명	상점. 가게	

课文 Kèwén 본문

A: 现在 几点?
　　Xiànzài jǐ diǎn?

B: 十二 点 半。
　　Shí'èr diǎn bàn.

A: 你 吃 饭 了 吗?
　　Nǐ chī fàn le ma?

B: 还 没有。 你 呢?
　　Hái méiyǒu. Nǐ ne?

A: 我 也 没 吃 呢。
　　Wǒ yě méi chī ne.

B: 咱们 一起 去 学校 食堂 吃 午饭, 好 吗?
　　Zánmen yìqǐ qù xuéxiào shítáng chī wǔfàn, hǎo ma?

A: 好。 饿 死 我 了!
　　Hǎo. È sǐ wǒ le!

注释 Zhùshì 설명

1 钟点的说法 시간을 말하는 법

钟点的说法如下：

시간을 말하는 법은 다음과 같다：

9:00 → 九点　　　9:05 → 九点零五(分)　　　9:15 → 九点一刻
　　　　　　　　　　　　九点五分　　　　　　　　　九点十五(分)

9:30 → 九点半　　　9:45 → 九点三刻　　　9:50 → 九点五十(分)
　　　九点三十(分)　　　　九点四十五(分)　　　　差十分十点

2 你吃饭了吗？ 식사 하셨어요?

"了"是助词，表示动作的实现或者事态出现变化，一般放在动词之后或者句末。如：

"了"는 조사이며, 동작의 실현이나 상황의 변화를 나타낸다. 일반적으로 동사 뒤에 오거나 어구의 끝에 온다.

(1) 你吃饭了吗？——吃了。
(2) 你买了什么？——我买了两包方便面。
(3) 你去哪儿了？——我去银行了。

否定形式是在动词前加"没有"或"没"，否定句中不出现"了"。如：

부정형인 경우에는 동사 앞에 "没有"나 "没"를 붙이고, "了"는 없앤다. 예：

(1) 我没有吃饭。
(2) 我没买方便面。

(3) 我没去银行。

③ **咱们一起去学校食堂吃饭,好吗?**
　　우리 같이 학교 식당에 가서 식사하는게 어떠세요?

"去学校食堂吃饭"是一个连动结构,相当于韩语的"~에 가서 ~하다"。如:

"去学校食堂吃饭"은 연동문 구조이며, 한국어의 "~에 가서 ~하다"에 해당한다. 예:

(1) 我去学校学习。
(2) 他没去食堂吃饭。
(3) 我们去银行换钱。

"好吗"用于询问对方的意见,语气比较柔和,相当于韩语的"어떠세요?"。如:

"好吗"는 상대방의 의견을 문의할 때에 쓰이면서, 말씨를 비교적 부드럽게 만든다. 한국어의 "어떠세요?"에 해당한다:

(1) 咱们一起去,好吗? —— 好。
(2) 咱们吃面包,好吗? —— 对不起,我不想吃面包,我想吃米饭。
(3) 现在吃晚饭,好吗? —— 好。

④ **饿死我了! 배 고파 죽겠다!**

"饿死我了"比"我很饿"语气强烈,表示饿得厉害。"形容词+死我了"相当于韩语的"~하여 죽겠다"。如:

"饿死我了"는 "我很饿"보다 말투가 훨씬 강하며, 배가 몹시 고파 견디기 어려운 지경임을 나타낸다. "形容词+死我了"는 한국어의 "~하여 죽겠다"에 해당한다. 예:

(1) 饿死我了! 我要吃饭。
(2) 渴死我了! 我要喝水。
(3) 累死我了! 我要休息(xiūxi 휴식하다)。

练习　 Liànxí　연습

一　回答问题　질문에 대답하세요.

例　现在几点？(5:30) → 现在五点半。

1. 现在几点？(3:12) →

2. 你几点吃早饭？(7:15) →

3. 你几点吃午饭？(11:55) →

4. 你几点吃晚饭？(6:05) →

5. 他几点去图书馆？(6:50) →

6. 他们几点去学校？(7:30) →

7. 你几点去食堂吃饭？(12:45) →

60

8. 你们几点去银行？(2:30) →

二 模仿例句改写句子 보기와 같이 바꾸어 써보세요.

A 例 我吃饭了。→ 你吃饭了吗？
       我没喝啤酒。→ 你喝啤酒了吗？

1. 我们去学校了。→
2. 我没吃面包。→
3. 他没有去学校。→
4. 他买矿泉水了。→
5. 我们换钱了。→

B 例 你去学校了吗？(☺) → 去了。
       你吃饭了吗？(☹) → 没吃。

1. 他要钱了吗？(☹) →
2. 你们要啤酒了吗？(☺) →
3. 你买冰淇淋了吗？(☹) →
4. 他们去韩国了吗？(☺) →
5. 你们换美元了吗？(☹) →
6. 她吃早饭了吗？(☺) →

C 例 你换了多少美元？($500) → 我换了五百美元。

1. 你吃了几个面包？(2) →
2. 他要了多少钱？(¥750) →
3. 你们买了多少瓶啤酒？(20) →
4. 你买了几罐可乐？(3) →
5. 你去了几个学校？(4) →
6. 他吃了几包方便面？(2) →

7. 金老师喝了几杯茶？(3) →

8. 他买了几盒烟？(1) →

"几"和"多少"的区别 "几"와 "多少"의 차이점

"几"和"多少"都用来询问数量，但是"几"特指10以下的数量。"多少"则没有数量上的限制。说话人用"几"来问时，一般心里设定或推测的数量在10以下；用"多少"来问时，一般心里设定或推测的数量比较多。

> "几"와 "多少"는 모두 수량을 물을 때에 사용한다. 다만 "几"는 10 이하의 수량을 가리킬 때에 쓰이며, "多少"는 가리킬 수량에 한계가 없다. 다시 말하자면 보통 화자가 10 이하의 수량을 상정하거나 예측할 경우는 "几"로 질문하고, 비교적으로 많은 수량을 상정하거나 예상할 경우는 "多少"로 질문한다.

例 去吃饭 → 咱们一起去吃饭，好吗？

1. 吃晚饭 →
2. 去银行换钱 →
3. 去食堂吃饭 →
4. 去商店买面包 →
5. 去图书馆学习 →

三 选词填空 보기에서 골라 빈칸을 채우세요.

| 一起 | 罐 | 半 | 还 | 现在 | 烟 | 去 |
| 块 | 很 | 刻 | 渴 | 包 | 图书馆 | 死 |

1. 累_____我了！我现在不想学习。
2. 我很想_____中国学习。
3. 我们六点_____吃晚饭，七点一_____去_____学习。
4. 我_____没有吃午饭，肚子_____饿。
5. 我_____去商店，你也_____去吗？

6. 她买了两瓶矿泉水，两_____啤酒，四_____方便面，没有买_____。

7. _____死我了！一罐可乐两_____钱，对吗？

四 参照例文，根据自己的实际情况谈谈自己每天大致的作息时间
보기를 참고하고 자기의 실제 상황에 맞추어 매일의 일반적인 일정에 대하여 말해보세요.

보기:

我的一天 (나의 하루)

　　我每天早上六点半起床，七点去学校食堂吃早饭，八点上课，十二点下课，十二点半吃午饭。下午我两点去图书馆学习，六点吃晚饭。我八点回家，九点做作业，十一点半睡觉。

每天	měi tiān	매일	早上	zǎoshang	아침
起床	qǐ chuáng	일어나다	上课	shàng kè	수업을 받다
下课	xià kè	수업을 끝내다	回家	huí jiā	집에 돌아가다
做	zuò	하다	作业	zuòyè	숙제
睡觉	shuì jiào	잠자다			

五 填空，然后两人一组模仿表演
다음 회화를 완성하고, 그 후에 두 사람씩 짝을 지어 연극을 하듯이 회화를 연습하세요.

A: 学什么呢？

B: 学汉语呢。刚才你去哪儿了？

A: 我去_____了。现在几点了？

B: _____。你饿吗？

A: 我肚子很饿。你呢？

B: 我也_____。咱们一起_____，好吗？
　　(我不_____，我已经_____了。)

A: 好！快点儿，饿死我了！
　　(没关系，我和_____一起去吃饭，她/他还没吃。)

学	xué	공부하다	汉语	Hànyǔ	중국어
刚才	gāngcái	금방	已经	yǐjing	벌써
快点儿	kuàidiǎnr	조금 더 빨리			

语音强化训练（V） 발음중점훈련（V）

一 朗读下列词语（韩国语中均有相对应的汉字词）
다음 단어를 큰 소리로 읽어보세요. (모두 한국어 중에 해당하는 한자어가 있다.)

1. shēntǐ　　　（身体 신체）　　2. jiànkāng　　（健康 건강）
3. yǐnshí　　　（饮食 음식）　　4. guǒzhī　　　（果汁 과즙）
5. shēnghuó　　（生活 생활）　　6. wèishēng　　（卫生 위생）
7. jiǔdiàn　　 （酒店 주점）　　8. jiàohuì　　 （教会 교회）
9. Rìběn　　　 （日本 일본）　 10. Cháoxiǎn　　（朝鲜 조선）
11. Báixuě Gōngzhǔ　　　　　（白雪公主 백설공주）
12. rénshēng zhéxué　　　　（人生哲学 인생철학）
13. bǎi wén bù rú yí jiàn　（百闻不如一见 백문이 불여일견）
14. rénshēng qīshí gǔ lái xī （人生七十古来稀 인생칠십 고래희）

二 练习"二声+一声"的连读
"제2성+제1성" 방식으로 이어지는 성조 조합을 연습하세요.

韩国学生"二声＋一声"连读时的难点是二声升不上去，一声不够高不够平。应重点纠正：

한국 학생의 경우에 "제2성+제1성" 방식으로 이어지는 성조 조합을 소리낼 때에 자주 보게 되는 문제점은 제2성을 충분히 높게 올리면서 소리내지 못하고, 제1성 소리를 충분히 높고 곧게 뻗치지 못한다는 점이다. 이 문제점을 힘써 바로잡아야 한다.

1. míngtiān   2. tígāo   3. wúzhī   4. cóngjūn
5. shíxīng   6. lúntāi   7. chúnzhēn   8. wénshēn
9. nánguā   10. tóngwū   11. dífāng   12. júhuā
13. yuánzhuō   14. cháoshī

三　练习下面的绕口令 다음 잰말놀이를 연습하세요.

1. Huàféi huì huīfā,　化肥会挥发，
   화학 비료도 휘발할 수 있으며,
   Hēi huàféi fā huī,　黑化肥发灰，
   검은색 화학 비료가 회색으로 변하고,
   Huī huàféi fā hēi.　灰化肥发黑。
   회색 화학 비료가 검은색으로 변한다.

2. Yí ge jiào Cuī Tuǐcū,　一个叫崔腿粗，
   한 명은 "최씨의 다리가 굵다"라고 하며,
   Yí ge jiào Cuī Cūtuǐ.　一个叫崔粗腿。
   한 명은 "최씨의 굵은 다리"란다.
   Cuī Tuǐcū bú shì Cuī Cūtuǐ,　崔腿粗不是崔粗腿，
   "최씨의 다리가 굵다"는 "최씨의 굵은 다리"가 아니고,
   Cuī Cūtuǐ bú shì Cuī Tuǐcū.　崔粗腿不是崔腿粗。
   "최씨의 굵은 다리" 도 "최씨의 다리가 굵다"가 아니다.

四　听录音填空 녹음을 듣고 빈칸을 채우세요.

A 1. ___i ___a   2. ___ai ___an   3. ___e ___en
    4. ___uo ___ang   5. ___i ___i   6. ___iu ___uo
    7. ___ing ___en   8. ___ei ___ing   9. ___iao ___ui
    10. ___un ___ong   11. ___ian ___ing   12. ___ue ___i
    13. ___ei ___ang   14. ___un ___i

B 1. s___ c___   2. b___ q___   3. sh___ t___
  4. j___ k___   5. sh___ t___   6. j___ r___
  7. c___ p___   8. l___ q___   9. k___ q___ sh___
  10. z___ j___   11. sh___ h___   12. F___ j___
  13. x___ r___   14. zh___ z___

课堂用语 Kètáng yòngyǔ 교실 중국어

1. 这 个 词(/ 句子)你 懂 吗?
   Zhè ge cí (/ jùzi) nǐ dǒng ma?
   이 단어 (/구절을) 이해했습니까?
   —— 懂。(/ 不 懂。)
   —— Dǒng. (/ Bù dǒng.)
   —— 이해했습니다. (/ 이해하지 못했습니다.)

2. 我 的 话 你们 听懂 了吗?
   Wǒ de huà nǐmen tīngdǒng le ma?
   내 말을 여러분은 알아들었습니까?
   —— 听懂 了。(/ 没 听懂。)
   —— Tīngdǒng le. (/ Méi tīngdǒng.)
   —— 알아들었습니다. (/ 못알아들었습니다.)

3. 我 听力 不 太 好, 请 慢慢儿 说。
   Wǒ tīnglì bú tài hǎo, qǐng mànmānr shuō.
   저는 듣기 능력이 별로 좋지 않으니까 좀 천천히 말씀해 주세요.

4. 我 发音不 太 好, 请 纠正 一下儿我 的 发音。
   Wǒ fāyīn bú tài hǎo, qǐng jiūzhèng yíxiàr wǒ de fāyīn.
   저는 발음이 별로 좋지 않으니까 제 발음을 좀 교정해 주십시오.

5. 请 老师 帮 我 改 一下儿这 几 个 句子。
   Qǐng lǎoshī bāng wǒ gǎi yíxiàr zhè jǐ ge jùzi.
   선생님 이 문장 몇 줄 좀 교정해 주십시오.

6. 什么 时候 交 作业?
   Shénme shíhou jiāo zuòyè?
   언제 숙제를 제출합니까?

7. 下 星期 期中 考试，六月 底 期末 考试。
   Xià xīngqī qīzhōng kǎoshì, liùyuè dǐ qīmò kǎoshì.
   다음 주에 중간시험을 보고, 6월말에는 기말시험을 봅니다.

8. 早上 一共 有 四 节 课，第 一 节 和 第 二 节 是 口语课，
   Zǎoshang yígòng yǒu sì jié kè, dì-yī jié hé dì-èr jié shì kǒuyǔkè,
   오전에 모두 4시간의 수업이 있습니다. 1교시와 2교시는 회화 수업이고,
   第 三 节 和 第 四 节 是 听力课。
   dì-sān jié hé dì-sì jié shì tīnglìkè.
   3교시와 4교시는 듣기 수업입니다.

第七课　全家福
Quánjiāfú
가족 사진

生词　Shēngcí　새 단어

1. 全家福	quánjiāfú	명	가족사진
2. 这	zhè	대	이. 이것
3. 谁	shuí, shéi	대	누구
4. 的	de	조	~의
5. 照片儿	zhàopiānr	명	사진
6. 家	jiā	명	가정. 집
7. 有	yǒu	동	있다
8. 口	kǒu	양	식구(가족 수를 셀 때 쓰는 단위)
9. 爷爷	yéye	명	할아버지
10. 奶奶	nǎinai	명	할머니
11. 爸爸	bàba	명	아빠. 아버지
12. 妈妈	māma	명	엄마. 어머니
13. 哥哥	gēge	명	형. 오빠
14. 姐姐	jiějie	명	누나. 언니
15. 和	hé	접	~와(과)

16. 在	zài	개 동	~에(서), ~에 있다
17. 老	lǎo	접두	형제. 자매의 순서에 쓰이는 접두사
18. 老大	lǎo dà		형제자매 중에서 가장 나이 많은 사람
19. 下面	xiàmian	명	아래. 밑
20. 妹妹	mèimei	명	여동생
21. 弟弟	dìdi	명	남동생
22. 只	zhǐ	부	단지. 다만
23. 没有	méiyǒu	동	없다
24. 兄弟姐妹	xiōngdì jiěmèi		형제자매
25. 那	nà	대	그. 저. 그것. 저것. 그러면
26. 独生女	dúshēngnǚ	명	외동딸
27. 孤单	gūdān	형	외토리이다. 외롭다

课文 Kèwén 본문

1

A: 这 是 谁 的 照片儿?
　　Zhè shì shéi de zhàopiānr?

B: 这 是 我们家 的 全家福。
　　Zhè shì wǒmen jiā de quánjiāfú.

A: 你 家 有 几 口 人?
　　Nǐ jiā yǒu jǐ kǒu rén?

B: 我 家 有 七 口 人。
　　Wǒ jiā yǒu qī kǒu rén.

爷爷、奶奶、爸爸、妈妈、哥哥、姐姐 和 我。
Yéye、nǎinai、bàba、māma、gēge、jiějie hé wǒ.

2

A：你在家是老几？
　　Nǐ zài jiā shì lǎo jǐ?

B：我是老大。下面 有 一个 妹妹 和 一个 弟弟。
　　Wǒ shì lǎo dà. Xiàmian yǒu yí ge mèimei hé yí ge dìdi.
　　你们 家有 什么 人？
　　Nǐmen jiā yǒu shénme rén?

A：我家只 有 三 口 人：
　　Wǒ jiā zhǐ yǒu sān kǒu rén:
　　爸爸、妈妈 和 我。
　　Bàba、māma hé wǒ.
　　我 没有 兄弟 姐妹。
　　Wǒ méiyǒu xiōngdì jiěmèi.

B：那你是 独生女。
　　Nà nǐ shì dúshēngnǚ.
　　孤单 不 孤单？
　　Gūdān bù gūdān?

注释 Zhùshì 설명

1 结构助词 "的"　구조조사 "的"

"谁的照片儿" 中的 "的" 是结构助词，表示领属关系，相当于韩语的 "~의" 或 "~의 것"。如：

"谁的照片儿" 중에 있는 "的" 는 구조조사이며, 예속관계를 나타낸다. 한국어의 "~의" 이나 "~의 것" 에 해당한다. 예：

(1) 这是他的照片儿。
(2) 那是我的钱。
(3) 钱是他的。
(4) 你是我的。

指称亲友或者所属单位时,一般省略"的"。如:

가족, 친척이나 친구, 혹은 소속된 기관을 나타낼 경우에는 "的"를 보통 생략한다. 예:

我妈妈　他弟弟　她爷爷　你家　我们家　我们学校

注意:指称自己所在学校时,说"我的学校"是不恰当的。学校的主人可以说"我的学校"(表示领属关系),但如果只是其中的一个学生,则应该说"我们学校"。同理,银行老板可以说"我的银行",银行职员则应该说"我们银行"。

주의: 자기가 다니고 있는 학교를 일컬을 때에 "我的学校"란 말은 맞지 않다. 학교의 소유주인 재단이사장 정도라면 "我的学校"(예속관계를 나타낸다) 라고 일컬을 수 있지만, 그 학교에 다니는 학생은 "我们学校"라고 일컬어야 한다. 똑같은 이치로 은행을 경영하는 은행장이 "我的银行"이라고 일컬을 수 있지만, 그 은행 직원은 "我们银行"이라고 일컬어야 한다.

2 你家有几口人? 당신의 가족은 몇 명입니까?
询问家庭人口时,量词应该用"口"。如:

가족 수를 물을 때에는 양사 "口"를 써야 한다. 예:

(1) 他家有几口人?
(2) 他家有四口人。
(3) 我哥哥家有三口人。

其他情况下，人的量词一般用"个"。如：

다른 경우의 일반적인 사람에 대해서는 양사 "个"를 사용한다. 예:

两个人　　一个韩国人　　四个中国人　　三个姐姐

3 你在家是老几？당신은 형제 중에서 몇 째입니까？

句中的"在"是介词，表示动作发生或事物存在的处所，相当于韩语的"~에(서)"。如：

여기서 "在"는 개사이며, 동작이 발생하거나 사물이 존재하는 장소를 가리킨다. 한국어의 "~에(서)"에 해당한다. 예:

(1) 我在家是老大。
(2) 他在图书馆学习。
(3) 我们在家吃饭，他们在食堂吃饭。

"在"也可以当动词用，表示存在或存在的位置、处所。相当于韩语的"~에(서) 있다"。如：

"在"는 동사로도 쓸 수 있으며, 존재 혹은 존재하는 장소, 위치를 나타낸다. 한국어의 "~에(서) 있다"에 해당한다. 예:

(1) 他在家吗？——他不在。
(2) 你在哪儿？——我在学校。
(3) 爸爸不在，妈妈也不在，我一个人在家学习。

"老几"的"老"是前缀，表示兄弟姐妹的排行。排行第一称为"老大"，排行最末称为"老小"。如：

"老几"의 "老"는 접두사이며, 형제의 순서를 나타낸다. 맏이는 "老大"라고 하고 막내는 "老小"라고 한다. 예:

(1) 姐姐是老大，我是老二，弟弟是老小。
(2) 我兄弟姐妹六个，我在家是老五。

4 "这"和"那" "这"와 "那"

"这"和"那"分别表示近指和远指，可以指代物品、人、场所、时间等。如：

"这"는 가까운 곳을 지칭하며, "那"는 먼 곳을 지칭한다. 이 두 가지 대명사로써 가까운 곳에 혹은 먼 곳에 있는 물품, 사람, 장소 심지어 시간까지도 지칭할 수 있다. 예:

  (1) 这是我的照片儿，那是你的。 (이것, 저것)
  (2) 这是什么？——这是可乐。 (이것)
    那是什么？——那是咖啡。 (그것)
  (3) 这是李老师，那是金老师。 (이 분. 저 분)
  (4) 这是我弟弟，那是我哥哥。 (이 사람. 저 사람)
  (5) 这是图书馆，那是食堂。 (이곳. 저곳)
  (6) 那是1975年，现在这是2005年。 (그때, 이때)

"那"还可以起连接作用，引出推论，相当于韩语的"그러면"。如：

"那"는 문장 사이를 연결하는 역할을 맡음으로써 어떤 결론을 이끌어 내도록 하는 작용을 한다. 한국어의 "그러면"에 해당한다. 예:

  (1) 我没有兄弟姐妹。——那你是独生女。
  (2) 我不想吃面包。——那咱们吃米饭。
  (3) 我不去！——你不去没关系，那我和智贤去。

5 孤单不孤单？ 외로워 안 외로워?

  "孤单不孤单"是一个正反疑问句，意思跟"孤单吗"一样。正反疑问句是口语中常用的句式，其格式为"形容词不形容词" "动词不/没动词"或"有没有＋动词/名词"。如：

  "孤单不孤단" 형태를 정반의문문이라 한다. 그 뜻은 "孤单吗"와 같다. 정반의문문은 특히 입말에 아주 잘 쓰이는 형태이며, 그 형식은 "형용사不형용사"와 "동사不/没동사" 그리고 "有没有＋동사/명사"이다. 예:

  (1) 你饿不饿？咱们一起去吃饭，好不好？
  (2) 他在不在家？
  (3) 你是不是独生女？
  (4) 你有没有钱？
  (5) 你去不去学校？→ 학교에 갑니까 안 갑니까?
    你去没去学校？(你有没有去学校？)
     → 학교에 갔다왔어요 안 갔다왔어요?
  (6) 你吃不吃饭？→ 밥을 먹을래요 안 먹을래요?
    你吃没吃饭？(你有没有吃饭？)
     → 밥을 먹었어요 안 먹었어요?

练习 Liànxí 연습

一 **根据实际情况回答问题** 실제 상황에 근거하여 질문에 대답하세요.

1. 你家有几口人？→
2. 你们家有什么人？→
3. 你有几个兄弟姐妹？→
4. 你有几个哥哥？→
5. 这是谁？→
6. 你们在哪儿？→
7. 这是什么？→
8. 那是什么？→

二 **模仿例句改写句子** 보기와 같이 바꾸어 써보세요.

A 例 这是谁的照片儿？（我）→ 这是我的照片儿。

1. 这是谁的钱？（你哥哥）→
2. 谁有水？（他）→
3. 她是谁？（我妹妹）→
4. 谁想喝咖啡？（我）→
5. 他和谁一起去？（智爱）→
6. 你现在和谁在一起？（奶奶）→

B 例 你现在在哪儿？（家）→ 我现在在家。

1. 你和他在哪儿？（学校）→
2. 智贤现在在哪儿？（商店）→
3. 你们在哪儿换钱？（中国银行）→
4. 你们在哪儿吃晚饭？（智贤家）→

C 例 我家有三口人。→ 我家只有三口人。

1. 我有一个弟弟。→

2. 他有两百块钱。→

3. 他吃米饭。→

4. 他们吃了早饭。→

D 例 我没有兄弟姐妹。→ 那你是独生女。

1. 我没有哥哥和姐姐,我只有两个弟弟。→

2. 他没有弟弟和妹妹,他只有两个姐姐。→

3. 我不喝啤酒。→

4. 我不想吃方便面。→

5. 她不在家。→

6. 我不想和他在一起。→

E 例 你孤单吗？→ 你孤单不孤单？
你有美元吗？→ 你有没有美元？
你喝水了吗？→ 你有没有喝水？

1. 你是韩国人吗？→

2. 他在学校吗？→

3. 你喝牛奶吗？→

4. 你买矿泉水吗？→

5. 你想吃冰淇淋吗？→

6. 你有兄弟姐妹吗？→

7. 他吃午饭了吗？→

8. 你们买方便面了吗？→

9. 你们去图书馆学习了吗？→

三 **选词填空** 보기에서 골라 빈칸을 채우시오.

| 孤单 | 爷爷 | 和 | 什么 | 在 | 口 | 爸爸 |
| 下面 | 老大 | 谁 | 全家福 | 老小 | 妹妹 | |

1. 金老师,您家有几_____人？

2. 这是我们家的_____。这是我_____,这是我_____和我妈妈,这是我_____。

3. 我是独生子(dúshēngzǐ 외동아들),没有兄弟姐妹,很_____。

4. A: 你家有_____人?

   B: 爸爸、妈妈、我_____还有两个弟弟。

5. A: 你现在_____中国吗?

   B: 对,我现在_____中国。

6. 我买了两瓶矿泉水_____三包方便面。

7. 我在家是_____,弟弟是老二,妹妹是_____。

8. A: 这是_____的照片儿?

   B: 这是我姐姐的照片儿。

四 模仿例文的形式介绍一下自己的家庭
보기의 형식을 모방하여 자신의 가족을 한번 소개해 보세요.

보기:

我的家庭 (나의 가족)

我家有五口人:爸爸、妈妈、姐姐、弟弟和我。我在家是老二。我爸爸是老师,妈妈是全职太太。我姐姐是公司职员,弟弟是高中生,我是大学生。爸爸、妈妈很爱我们,我有一个幸福的家庭。

家庭	jiātíng	가정. 가족	全职太太	quánzhí tàitai	전업주부
公司职员	gōngsī zhíyuán	회사원	高中生	gāozhōngshēng	고등학생
大学生	dàxuéshēng	대학생	幸福	xìngfú	행복하다

五 模仿下面的对话跟同桌做一个会话练习
다음 회화를 모방하여 옆 학생과 회화를 연습하세요.

A: 你家有几口人?
B: 我家有四口人。
A: 你在家是老几?
B: 我是老二,我有一个姐姐。你呢?
A: 我是独生子,没有兄弟姐妹,很孤单。
B: 那你想不想要一个弟弟?

A: 我不想要弟弟,我想要一个妹妹。你呢？
B: 我很想要一个哥哥。

独生子 dúshēngzǐ 외동아들

语音强化训练（Ⅵ）　발음중점훈련（Ⅵ）

一般来说韩国学生较难把握"(z)i"、"(zh)i"和"e"三个韵母的区别，对此可进行针对性训练。

> 대부분의 한국 학생은 "(z)i", "(zh)i" 그리고 "e" 3개 운모의 발음상(발음하기와 발음듣기) 차이점을 파악하기가 비교적 어려운 것 같다. 그것에 대하여 맞춤형으로 연습시키는 것이 좋겠다.

🍡 **发音对比操练**　두 발음을 대비하여 연습하시오.

(1) "四"不是"色"，　　sì bú shì sè
　　"色"不是"四"；　　sè bú shì sì

(2) "吃"不是"车"，　　chī bú shì chē
　　"车"不是"吃"；　　chē bú shì chī

(3) "十"不是"蛇"，　　shí bú shì shé
　　"蛇"不是"十"；　　shé bú shì shí

(4) "字"不是"责"，　　zì bú shì zé
　　"责"不是"字"；　　zé bú shì zì

(5) "次"不是"册"　　cì bú shì cè
　　"册"不是"次"　　cè bú shì cì

(6) "直"不是"哲"　　zhí bú shì zhé
　　"哲"不是"直"　　zhé bú shì zhí

第八课　智贤的生日
Zhìxián de shēngri
지현이의 생일

生词　Shēngcí 새 단어

1.	生日	shēngri	명	생일
2.	今天	jīntiān	명	오늘
3.	天	tiān	명	날. 일(日). 하루
4.	月	yuè	명	월. 달
5.	号(日)	hào(rì)	명	일. 날짜
6.	星期	xīngqī	명	주. 요일
7.	时候	shíhou	명	때. 시각
8.	过	guò	동	지내다. 보내다
9.	后天	hòutiān	명	모레
10.	今年	jīnnián	명	금년. 올해
11.	多	duō	부	얼마나(의문문에 쓰여 정도를 물음)
12.	大	dà	형	크다. (수량이) 많다
13.	年	nián	명	년
14.	出生	chūshēng	동	출생하다. 태어나다
15.	岁	suì	명	살. 세(나이를 세는 단위)

16. 明天	míngtiān	명	내일
17. 给	gěi	개 동	~에게. ~에게 주다
18. 礼物	lǐwù	명	선물
19. 本	běn	양	권(책의 권수를 세는 단위)
20. 词典	cídiǎn	명	사전
21. 韩中词典	Hán-Zhōng cídiǎn		한중사전
22. 喜欢	xǐhuan	동	좋아하다
23. 花	huā	명	꽃
24. 送	sòng	동	선사하다. 증정하다. 주다
25. 支	zhī	양	가지. 자루(가늘고 긴 물건을 세는 단위)
26. 玫瑰	méigui	명	장미
27. 星期天 (星期日)	xīngqītiān (xīngqīrì)	명	일요일
28. 年纪	niánjì	명	연세. 나이
29. 千	qiān	수	천
30. 昨天	zuótiān	명	어제
31. 哪	nǎ	대	어느

课文 Kèwén 본문

 1

A: 今天 几月 几号?
　　Jīntiān jǐ yuè jǐ hào?

B: 今天 十月 十五号。
　　Jīntiān shíyuè shíwǔ hào.

A：今天 星期几？
　　Jīntiān xīngqī jǐ?

B：今天 星期五。
　　Jīntiān xīngqīwǔ.

A：智贤 什么 时候 过 生日？
　　Zhìxián shénme shíhou guò shēngri?

B：智贤 后天 过 生日。
　　Zhìxián hòutiān guò shēngri.

A：她今年 多 大 了？
　　Tā jīnnián duō dà le?

B：她 一九八四 年 出生，今年 二十一 岁。
　　Tā yījiǔbāsì nián chūshēng, jīnnián èrshíyī suì.

2

A：明天 是 智贤 的 生日。你 给 她 买 礼物 了 吗？
　　Míngtiān shì Zhìxián de shēngri. Nǐ gěi tā mǎi lǐwù le ma?

B：买 了。
　　Mǎi le.

A：什么 礼物？
　　Shénme lǐwù?

B：我 给 她 买 了 一 本
　　Wǒ gěi tā mǎi le yì běn
　　韩中 词典。你 呢？
　　Hán-Zhōng cídiǎn. Nǐ ne?

A：智贤 喜欢 花儿，我 想 送 她 二十一 支 玫瑰。
　　Zhìxián xǐhuan huār, wǒ xiǎng sòng tā èrshíyī zhī méigui.

注释 Zhùshì 설명

1 日期的读法 날짜를 읽는 법

汉语年份的读法跟韩语不同,是逐个读出每个数字。如：

한국어와 다르게 중국어로 연도를 읽을 때에는 숫자를 하나하나씩 차례대로 읽어야 한다. 예:

1992 年 → 一九九二年
2006 年 → 二零零六年

月份的读法跟韩语一样,在"月"前面按顺序加数字1至12即可：

한국어와 똑같이 12 개월을 개별적으로 읽을 때는 "月"앞에 숫자 1에서 12 까지를 붙이면 된다.

一月　二月　三月　四月　五月　六月
七月　八月　九月　十月　十一月　十二月

月份里的每一天按顺序用数字1至31后面再加上"日"或"号"来表示：

날짜는 순서대로 숫자 1에서 31 까지의 뒤에 "日"나 "号"를 붙이면 된다:

一日,二日,三日,四日……三十一日
一号,二号,三号,四号……三十一号

口语中多用"号",书面语一般用"日"。

입말에서는 주로 "号"를 쓰고 문장글에서는 주로 "日"를 쓴다.

一周的七天分别是：

일주일의 각 요일을 나타내는 법은 다음과 같다:

星期一　星期二　星期三　星期四　星期五　星期六　星期天(日)

2 她今年多大了？ 그녀는 올해 몇 살이지요?

"多大了"是询问年龄,句尾的"了"可以省略。回答的时候,如果年龄超过

10岁,可以省略后面的量词"岁"。如：

"多大了"는 나이를 묻는 말이다. 문장 끝에 있는 "了"는 생략해도 된다. 대답할 때에 10 살 이상인 경우에는 양사 "岁"를 생략해도 된다. 예:

(1) 你姐姐今年多大了？ ——她今年二十七(岁)。
(2) 你弟弟多大？ ——我弟弟今年十三(岁)。

询问 10 岁以下的儿童的年龄时,常说"几岁(了)？"。如：

10 살 이하의 어린이에게 그 나이를 묻는 경우에는 보통 "几岁(了)？"라고 말한다. 예:

(1) 你今年几岁？ ——我今年六岁。
(2) 你妹妹几岁了？ ——她四岁了。

向年长者询问年龄时,应该说"多大年纪(了)"。如：

연장자에게 그 나이를 묻는 경우에 "多大年纪(了)"라고 해야 한다. 예:

(1) 您今年多大年纪？ ——我今年四十六。
(2) 你爷爷多大年纪了？ ——我爷爷八十岁了。

3 "给"和"送" "给"와 "送"

"给"既可以当介词,也可以当动词。

"给"는 개사로서도 쓸 수 있고 동사로서도 쓸 수 있다.

"给"作为介词主要引进动作相关的对象,相当于韩语的"~에게"。如：

"给"는 개사로서 동작과 관련된 대상을 이끈다. 한국어의 "~에게"에 해당한다. 예:

(1) 你给我买礼物了吗？
(2) 我给她买了一本韩中词典。
(3) 给我买一瓶啤酒,好吗？
(4) 这是他送给你的生日礼物。

"给"也可以直接当动词用,相当于韩语的"~에게 주다"。如：

"给"는 직접 동사로 쓰이는 경우에 한국어의 "~에게 주다"에 해당한다. 예:

(1) 他给了你什么？——他给了我一本词典。
(2) 奶奶给了你多少钱？——奶奶给了我两千块钱。
(3) 你给他生日礼物了吗？——给了。

"送"是动词,跟动词"给"相比较为郑重,赠送的意味更强,后面可以跟介词"给"连用。如：

> 동사 "送"은 동사 "给"보다 비교적 정중한 의미를 띠며, 증정한다는 의미가 강하다. 뒤에 "给"를 붙일 수도 있다. 예：

(1) 你送(给)他什么礼物？
(2) 今天二月十四号,送(给)你一支玫瑰。
(3) 这是他送(给)我的照片。

练习 Liànxí 연습

一 根据实际情况回答问题
실제 상황에 근거하여 다음 질문에 대답하세요.

1. 今天几月几号？→
2. 昨天星期几？→
3. 明天几月几号？→
4. 今天是星期几？→
5. 昨天是几月几号？→
6. 明天是星期几？→
7. 你的生日是几月几号？→
8. 你哪一年出生？→
9. 你妈妈的生日是哪一天？→
10. 什么时候过年？→

二 根据回答说出问句
주어진 대답에 근거하여 그 질문을 만드세요.

例 明天星期四。→ 明天星期几?

1. 智贤明天过生日。→
2. 明天十一月二十三号。→
3. 今天星期二。→
4. 哥哥后天去韩国。→
5. 九月三号是星期六。→
6. 我今年二十三岁。→
7. 他一九八九年出生。→
8. 我在家过生日。→
9. 一九九五年我十五岁。→
10. 我给他买了一本词典。→
11. 星期天是智爱的生日。→
12. 我奶奶今年八十二。→
13. 我弟弟今年五岁。→

三 模仿例句改写句子 보기와 같이 바꾸어 써보세요.

A 例 明天几号？(16) → 明天十六号。

1. 后天星期几？(7) →
2. 星期天是几号？(9) →
3. 你妹妹的生日是几月几号？(4/26) →
4. 你几号去中国？(23) →
5. 你哪一年出生？(1987) →
6. 爷爷的生日是星期几？(6) →

B 例 你今年多大了？(25) → 我今年二十五岁。

1. 你哥哥多大了？(26) →

2. 你妈妈今年多大年纪？(52) →
3. 你弟弟几岁了？(5) →
4. 你今年十几？(18) →
5. 你姐姐今年二十几？(24) →

C 例 | 爸爸什么时候过生日？(后天) → 爸爸后天过生日。

1. 你弟弟什么时候过生日？(明天) →
2. 你们什么时候去学校了？(昨天) →
3. 你和智爱什么时候去中国？(8/2) →
4. 你什么时候去商店？(明天) →

四 按正确的顺序排列成句子
정확한 어순에 따라 주어진 단어를 배열하세요.

例 | 给　词典　我　一本　买　他　了
→ 我给他买了一本词典。

1. 给　我　啤酒　你　一瓶　买　了
→

2. 一支　我　他　了　买　玫瑰　给
→

3. 两千　爸爸　钱　我　块　给
→

4. 了　他　什么　你　给　买
→

5. 买　你　了　给　什么　智爱　礼物
→

五 **看图填空** 그림을 보고 빈칸을 채우세요.

1. 智贤很喜欢 _____。

2. 我给他买了生日 _____。

3. 妈妈送给我两本 _____。

4. 昨天是我十八岁 _____，
他送了我十八支 _____。

5. 我哥哥喜欢喝 _____。

6. 我妹妹喜欢吃 _____。

7. 弟弟喜欢 _____。

第八课 智贤的生日

六 填空,并模仿下面的对话跟同桌商量给一个好朋友过生日的事
다음 회화를 완성하고, 그 회화 내용을 모방하여 옆 학생과 어떤 좋은 친구의 생일을 축하하는 일에 대하여 중국어로 이야기하세요.

A: 你知道_____(朋友的名字 친구의 이름)的生日是几月几号吗?

B: 知道。她(他)的生日是____月____号。

A: ____月____号是星期几?

B: 星期____。

A: 星期____咱们都很忙,星期天给_____(朋友的名字 친구의 이름)过生日好不好?

B: 好。咱们给她(他)买什么礼物?

A: 咱们给她(他)买_____,怎么样?

B: 好。明天咱们一起去买,好吗?

A: 好。

知道 zhīdào 알다　都 dōu 모두　忙 máng 바쁘다

七 模仿例文的形式谈谈自己比较难忘的一个生日
보기를 모방하여 자신에게 비교적 인상깊게 남은 생일축하 파티에 대하여 이야기하세요.

보기:

　　二十岁生日那天,朋友们都来我家给我过生日。他们给我买了一个很大的生日蛋糕,还送了很多别的礼物。姐姐给我的生日礼物是一支口红,弟弟送给我一张生日卡和一支玫瑰。我很高兴,喝了很多啤酒,我想说:"谢谢朋友们!谢谢爱我的爸爸、妈妈、姐姐和弟弟!我爱你们!"

来	lái	오다	蛋糕	dàngāo	케이크
还	hái	또	多	duō	많다
别的	biéde	다른	口红	kǒuhóng	립스틱
张	zhāng	장(양사)	生日卡	shēngrìkǎ	생일축하카드
高兴	gāoxìng	즐겁다	说	shuō	말하다

八 学唱中文的生日歌
중국어로 "생일축하" 노래를 부르는 법을 배우세요.

zhù nǐ shēng rì kuài lè
祝 你 生 日 快 乐 ,

祝 你 生 日 快 乐 ,

祝 你 生 日 快 乐 ,

祝 你 生 日 快 乐 !

第九课　最近过得怎么样？
Zuìjìn guò de zěnmeyàng?
요즈음 어떻게 지내세요?

生词　Shēngcí　새 단어

1.	最近	zuìjìn	명	최근. 요즈음
2.	得	de	조	동사나 형용사 뒤에 쓰여 정도보어나 결과보어를 연결시키는 구조조사)
3.	怎么样	zěnmeyàng	대	어떠하냐
4.	挺	tǐng	부	매우
5.	还行	háixíng		나쁘지 않다. 괜찮다
6.	忙	máng	형	바쁘다
7.	课	kè	명	수업. 강의
8.	多	duō	형	많다
9.	太	tài	부	너무. 아주
10.	每	měi	대	매. ~마다
11.	上午	shàngwǔ	명	오전
12.	节	jié	양	수업 시간 단위
13.	汉语	Hànyǔ	명	중국어
14.	下午	xiàwǔ	명	오후

15. 晚上	wǎnshang	명		저녁
16. 一般	yìbān	형	부	일반적이다. 보통
17. 做	zuò	동		~를(을) 하다
18. 有时候	yǒu shíhou			때로는. 간혹
19. 宿舍	sùshè	명		기숙사. 숙소
20. 休息	xiūxi	동		쉬다. 휴식하다
21. 看	kàn	동		보다
22. 书	shū	명		책
23. 好久不见	hǎo jiǔ bú jiàn			오래간만이다
24. 吧	ba	조		문장 끝에 쓰여 추측, 제의, 명령의 어기를 나타냄
25. 马马虎虎	mǎmahūhū			그저 그러하다. 흐리터분하다
26. 父母	fùmǔ	명		부모
27. 身体	shēntǐ	명		몸. 신체. 건강
28. 上	shàng	동		다니다. 진학하다
29. 大学	dàxué	명		대학
30. 已经	yǐjing	부		벌써. 이미
31. 年级	niánjí	명		학년
32. 女	nǚ	명		여자. 여성
33. 朋友	péngyou	명		친구
34. 帮	bāng	동		도와주다
35. 介绍	jièshào	동		소개하다

第九课　最近过得怎么样？

课文 Kèwén 본문

1

A：最近 过得 怎么样？
　　Zuìjìn guò de zěnmeyàng?

B：挺 好 的。你 怎么样？
　　Tǐng hǎo de. Nǐ zěnmeyàng?

A：还 行。你 学习 忙 吗？课 多 不 多？
　　Hái xíng. Nǐ xuéxí máng ma? Kè duō bu duō?

B：课 不 太 多，每天 上午 有四节 汉语课，下午 没
　　Kè bú tài duō, měi tiān shàngwǔ yǒu sì jié Hànyǔkè, xiàwǔ méi
　　课。
　　kè.

A：晚上 一般 做 什么？
　　Wǎnshang yìbān zuò shénme?

B：晚上 有 时候在宿舍休息，有 时候去 图书馆
　　Wǎnshang yǒu shíhou zài sùshè xiūxi, yǒu shíhou qù túshūguǎn
　　看 书。
　　kàn shū.

2

A：好 久 不 见！你 过 得 好 吗？
　　Hǎo jiǔ bú jiàn! Nǐ guò de hǎo ma?

B：挺 好 的。你 也 挺 好 吧？
　　Tǐng hǎo de. Nǐ yě tǐng hǎo ba?

A：马马虎虎。你 父母 身体 好 吗？
　　Mǎmahūhū. Nǐ fùmǔ shēntǐ hǎo ma?

B：他们 身体 很 好。你弟弟 上 大学 了 吗？
　　Tāmen shēntǐ hěn hǎo. Nǐ dìdi shàng dàxué le ma?

A：他已经 上 大学二年级了。
　　Tā yǐjing shàng dàxué èr niánjí le.

B：你有 女 朋友 了 吗？
　　Nǐ yǒu nǚ péngyou le ma?

A：还 没有。
　　Hái méiyǒu.

B：我 帮 你 介绍一个，怎么样？
　　Wǒ bāng nǐ jièshào yí ge, zěnmeyàng?

注释　Zhùshì　설명

1 结构助词"得"　구조조사"得"

"最近过得怎么样"中的"得"是结构助词,用于连接表示程度或结果的补语。基本形式是"动词/形容词＋得＋补语"。如：

"最近过得怎么样"에 있는 "得"는 구조조사이며, 정도보어나 결과보어를 연결한다. 기본구조는 "동사/형용사＋得＋보어"이다. 예：

(1) 你过得怎么样？——我过得很好。
(2) 他吃得多吗？——他吃得挺多。
(3) 他们家吃得好吗？——他们家吃得不太好。
(4) 我渴得很,想喝水。
(5) 他家钱多得很。

2 程度副词"挺"和"太"　정도부사"挺"과"太"

"挺"是口语中常用的程度副词,表示的程度比"很"低一些。"挺"修饰形容词和动词,后面常带"的"。

"挺"은 일상 회화에 잘 쓰이는 정도부사이며, "很"보다 나타내는 정도가 약간 낮다. "挺"은 형용사나 동사를 수식하며, 뒤에 "的"를 붙이는 경우가 많다.

(1) 我挺好,他也挺好的。
(2) 你吃得挺多的。
(3) 我看,他挺爱你的。
(4) 我挺喜欢她的。

"太"作为程度副词常表示程度过头或表示感叹,句末常带"了",相当于韩语的"너무"。如：

> "太"는 정도부사로서 정도가 심함이나 감탄을 나타낸다. 어구 끝에서 "了"를 붙이는 경우가 많다, 한국어의 "너무", "대단히"에 해당한다. 예:

(1) 太好了!
(2) 人太多了!

"不太+形容词/动词"常用来减弱否定程度,使语气更为婉转一些,相当于韩语的"별로 ~하지 않다"。如：

> "不太+形容词/动词" 형식은 부정의 강도를 약화시키며, 말투를 조금 더 완곡하게 만든다, 한국어의 "별로 ~하지 않다"에 해당한다. 예:

(1) 我不太累。
(2) 我不太想去。
(3) 他不太喜欢看书。

3 你也挺好吧？ 너도 잘 지냈지?

句中的"吧"是语气助词,用于问句的句末,表示说话人的揣测,相当于韩语的"~하지요?"。注意"吧"要读降调,而一般疑问句句末的"吗"一般读升调。如：

> 여기서 "吧"는 어기조사이며, 의문문의 끝에 붙인다. 화자의 추측을 나타내며, 한국어의 "~하지요?"에 해당한다. 주의해야 할 점은 "吧"는 내려가는 어조로 읽어야 한다. 하지만 일반적인 의문문 어구 끝에 쓰인 "吗"는 올라가는 어조로 읽어야 한다. 예:

(1) 你爸爸身体挺好吧？↓   你爸爸身体好吗？↑
(2) 你没吃早饭吧？↓   你没吃早饭吗？↑
(3) 他去图书馆了吧？↓   他去图书馆了吗？↑
(4) 这是你的吧？↓   这是你的吗？↑
(5) 你上午有课吧？↓   你上午有课吗？↑

4 我帮你介绍一个,怎么样?

내가 너에게 한 명 소개해주는 게 어떠냐?

"我帮你介绍一个"是指"我帮你介绍一个女朋友",因为上下文清楚,所以"女朋友"可以省略。"帮"是动词,"帮助"的意思。如:

"我帮你介绍一个"는 "我帮你介绍一个女朋友"의 뜻이다. 문맥을 통하여 잘 알 수 있기 때문에 "女朋友"가 생략되었다. "帮"는 동사이며, "도와 주다"의 뜻이다. 예:

(1) 我们帮你。
(2) 你帮不帮我?
(3) 帮我买两瓶啤酒,好吗?
(4) 她很孤单,你帮她介绍一个男朋友,好吗?

练习 Liànxí 연습

一 选择恰当的词填空 보기에서 골라 빈칸을 채우세요.

| 有 | 行 | 的 | 挺 | 一般 | 吗 | 每 | 怎么样 |
| 上 | 两 | 晚上 | 久 | 得 | 节 | 了 | 马马虎虎 | 还 |

1. A: 他最近过_____怎么样?

   B: 挺好_____。

2. _____星期有二十四_____课,太多_____!

3. A: 你上午有课_____?

   B: 我上午没课,下午有_____节课。

4. 他每天_____去图书馆学习。

5. 我_____吃米饭,我不太喜欢吃面包。

6. A: 你们学校的食堂_____?

   B: 还_____。

7. A: 你弟弟学习怎么样?

B: _____。

8. A: 你_____女朋友了吧？

　　B: _____ 没有。

9. 去中国的人_____多的。

10. 我姐姐今年_____大学三年级。

11. 好_____不见！你过得_____？

二　根据实际情况回答问题
실제 상황에 근거하여 다음 질문에 대해 대답하세요.

1. 你最近身体怎么样？→
2. 你父母身体好吗？→
3. 你学习忙不忙？→
4. 下午你一般做什么？→
5. 你每星期有几节课？→
6. 你星期五下午有课吗？→
7. 你星期一有几节课？→
8. 你现在上大学几年级？→
9. 你学习怎么样？→
10. 你们学校的图书馆怎么样？→

三　根据回答说出问句
주어진 대답에 근거하여 그 질문을 만드세요.

例　我父母身体很好。→ 你父母身体好吗？

1. 我还没有女朋友。→
2. 晚上我一般去图书馆看书。→
3. 我过得很好。→
4. 最近奶奶身体不太好。→
5. 她在我的宿舍休息。→
6. 我们学校的食堂挺好的。→
7. 李老师星期三上午有三节课。→

8. 好,你帮我介绍一个(女朋友)。→
9. 最近我学习很忙。→

四 模仿例句改写句子 보기와 같이 바꾸어 써보세요.

A 例 我爷爷身体很好。→ 你爷爷身体怎么样?

1. 我妹妹学习很好。→
2. 我父母身体挺好的。→
3. 我们大学还行。→
4. 我们学校的宿舍很好。→
5. 他女朋友挺好的。→

B 例 他过得很好。→ 他过得挺好的。

1. 爷爷身体很好。→
2. 我们很渴。→
3. 他很喜欢喝啤酒。→
4. 我想去中国。→

C 例 我爸爸不忙。→ 我爸爸不太忙。
我爸爸挺忙的。→ 我爸爸太忙了!

1. 我现在不累。→
2. 星期一课挺多的。→
3. 钱不多。→
4. 他不喜欢喝茶。→
5. 弟弟很想上大学!→
6. 他朋友不多。→

D 例 我去图书馆学习。→ 我一般去图书馆学习。

1. 弟弟在家学习。→
2. 他们十八岁上大学。→

3. 我十二点去食堂吃饭。→
4. 韩国人早饭吃米饭。→

E 例 你父母也挺好吗？ → 你父母也挺好吧？

🍡 大声朗读，注意比较"～吗"句和"～吧"句句尾不同的语调。

"～吗"형식 어구와 "～吧"형식 어구의 끝에 일어나는 서로 다른 어조를 주의하면서 큰 소리로 다음 문장을 읽어보세요.

1. 你有男朋友吗？→
2. 星期四上午没课吗？→
3. 你们肚子饿了吗？→
4. 你已经吃了吗？→

F 例 妹妹上大学三年级了。→ 妹妹已经上大学三年级了。

1. 我女朋友去中国了。→
2. 我们吃晚饭了。→
3. 我看了这本书。→
4. 我给他钱了。→
5. 他买了矿泉水和牛奶。→

G 例 你和谁一起去？（妈妈，女朋友）
→ 有时候和妈妈一起去，有时候和女朋友一起去。

1. 你在哪儿学习？（图书馆，宿舍）→
2. 早饭你一般吃什么？（面包，方便面）→
3. 你们家谁做饭？（妈妈，姐姐）→
4. 你在哪儿吃饭？（学校食堂，在宿舍做饭）→

五　填写恰当的量词　해당하는 양사로 빈칸을 채우세요.

例　我帮你介绍一个女朋友,怎么样?

1. 昨天我过二十岁生日,他送了我二十_____玫瑰。

2. 他买一_____面包和两_____矿泉水。

3. 我去商店买了三_____笔和三_____本子
　　(笔　bǐ　필기구 <볼펜, 연필, 만년필 등>　本子　běnzi　공책)

4. 哥哥买了两_____韩中词典,他一_____,我一_____。

5. 我想喝一_____咖啡。

六 填空,并参照例文的形式谈谈自己的生活

빈칸을 채우고 보기를 참조하여 자기의 생활 실태에 대하여 중국어로 이야기 해보세요.

보기:

　　现在我上大学_____年级,是_____大学_____系的学生。大学生活很有意思,学习也不太忙。我每星期有_____节课。一般上午和下午上课,晚上没有课。我有很多时间看自己喜欢看的书。我学习也很努力,老师说我汉语说得很好。最近我很孤单,因为我的好朋友有了男朋友,她每天和她男朋友在一起。我只好一个人去食堂吃饭,一个人去图书馆看书。姐姐对我说:"你不想有个男朋友吗？我给你介绍一个,怎么样？"

系	xì	학과	生活	shēnghuó	생활
有意思	yǒu yìsi	재미있다	时间	shíjiān	시간
自己	zìjǐ	자기	努力	nǔlì	열심히 하다
因为	yīnwèi	왜냐하면	只好	zhǐhǎo	어쩔 수 없이
对	duì	~에게			

七 读下面的对话，然后做一个会话练习，会话情景是你偶然遇见一位好久不见的朋友，会话内容可以自由发挥

다음 회화를 읽은 후에 회화 연습을 하세요. 회화의 상황은 오랫동안 만나지 못했던 친구를 우연히 만나게 되었다는 설정이다. 회화 내용은 자유롭게 고쳐서 표현해도 좋다.

A: 智贤姐！
B: 是你啊,善英。好久不见,你过得怎么样？
A: 还行。智贤姐也过得挺好吧？
B: 挺好的。对了,你上大学了吧？
A: 对,我已经是大学二年级的学生了。
B: 你是什么专业？
A: 我上的是中文系,学习汉语。
B: 这个专业很好。学汉语难不难？
A: 不太难。
B: 学习忙不忙？
A: 挺忙的。课很多,每天有四节课,有时候晚上也有课。
B: 你汉语说得怎么样？
A: 马马虎虎。对了,智贤姐,你有很多中国朋友,我呢,一个中国朋友也没有。你帮我介绍一个中国朋友,好吗？

啊	a	어기조사	善英	Shànyīng	선영(인명)
专业	zhuānyè	전공	中文系	Zhōngwénxì	중어중문학과
难	nán	어렵다			

第十课　我爱交朋友
Wǒ ài jiāo péngyou
나는 친구 사귀기를 좋아해

生词 Shēngcí 새 단어

1.	交	jiāo	동	사귀다
2.	国	guó	명	~국. 나라
3.	说	shuō	동	말하다
4.	哪里	nǎli	대	어디. 천만에요
5.	远	yuǎn	형	멀다
6.	那儿	nàr	대	거기. 그곳
7.	外国	wàiguó	명	외국
8.	留学生	liúxuéshēng	명	유학생
9.	班	bān	명	반. 조
10.	上	shang	명	~에. ~속(어떤 범위 내에 있음을 나타냄)
11.	认识	rènshi	동	알다. 인식하다
12.	少	shǎo	형	적다
13.	常	cháng	부	자주. 항상
14.	玩儿	wánr	동	놀다

15.	怪不得	guàibude		어쩐지. 과연
16.	这么	zhème		이렇게
17.	非常	fēicháng	부	매우. 아주
18.	高兴	gāoxìng	형	기쁘다. 즐겁다
19.	又	yòu	부	또. 다시
20.	电话	diànhuà	명	전화
21.	号码	hàomǎ	명	번호
22.	知道	zhīdào	동	알다
23.	手机	shǒujī	명	휴대폰
24.	号	hào	명	호
25.	请	qǐng	동	상대방에게 어떤 일을 요청하거나 권할 때에 쓰이는 경어
26.	再	zài	명	다시
27.	遍	biàn	명	번(횟수를 세는 양사)
28.	北京	Běijīng	고유	북경
29.	日本	Rìběn	고유	일본
30.	美国	Měiguó	고유	미국
31.	法国	Fǎguó	고유	프랑스
32.	英国	Yīngguó	고유	영국
33.	德国	Déguó	고유	독일

课文　Kèwén　본문

1

A：你是哪国人？
　　Nǐ shì nǎ guó rén?

B：我 是 韩国人。
　　Wǒ shì Hánguórén.

A：你汉语 说 得 很 好！
　　Nǐ Hànyǔ shuō de hěn hǎo!

B：哪里，还差 得 远 呢！
　　Nǎli, hái chà de yuǎn ne!

A：你在哪儿学习 汉语？
　　Nǐ zài nǎr xuéxí Hànyǔ?

B：我 在北京 大学学习汉语。
　　Wǒ zài Běijīng Dàxué xuéxí Hànyǔ.

A：那儿 外国　留学生　多不多？
　　Nàr wàiguó liúxuéshēng duō bu duō?

B：很 多。我 交了 很 多 外国　朋友。我们 班　上
　　Hěn duō. Wǒ jiāole hěn duō wàiguó péngyou. Wǒmen bān shang
　　有　日本人、美国人，也 有　法国人、英国人　和
　　yǒu Rìběnrén、Měiguórén, yě yǒu Fǎguórén、Yīngguórén hé
　　德国人。
　　Déguórén.

2

A：你认识 的　中国　朋友 多不多？
　　Nǐ rènshi de Zhōngguó péngyou duō bu duō?

B：不少。我爱 交 朋友，常 和 中国　朋友 一起
　　Bù shǎo. Wǒ ài jiāo péngyou, cháng hé Zhōngguó péngyou yìqǐ

玩儿。
wánr.

A：怪不得 你 汉语 说 得这么好！
　　Guàibude nǐ Hànyǔ shuō de zhème hǎo!

B：谢谢！今天 认识 你 我 非常 高兴，我 又 多 了 一 个
　　Xièxie! Jīntiān rènshi nǐ wǒ fēicháng gāoxìng, wǒ yòu duō le yí ge
　　中国 朋友。
　　Zhōngguó péngyou.

3

A：你家的 电话 号码 是
　　Nǐ jiā de diànhuà hàomǎ shì
　　多少？
　　duōshao?

B：我家的 电话 号码 是
　　Wǒ jiā de diànhuà hàomǎ shì
　　8 2 3 0 4 1 6 6。
　　bā èr sān líng sì yāo liù liù.

A：你 知道 我 的 手机 号 吗？
　　Nǐ zhīdào wǒ de shǒujī hào ma?

B：不 知道。你的 手机 号 是 多少？
　　Bù zhīdào. Nǐ de shǒujī hào shì duōshao?

A：1 3 6 4 1 6 8 9 7 3 5。
　　Yāo sān liù sì yāo liù bā jiǔ qī sān wǔ.

B：对不起，请 再 说 一 遍。
　　Duì bu qǐ, qǐng zài shuō yí biàn.

注释 Zhùshì 설명

1 你是哪国人？당신은 어느 나라 사람입니까?

句中的"哪"表示疑问，要求在同类事物中加以确指。如：

여기서 "哪"는 의문을 나타내며, 같은 종류의 물건들 가운데서 하나를 정확하게 지적할 것을 요구한다. 예:

(1) 你哪一年出生?
(2) 你哪天去?
(3) 哪两个同学去中国了?
(4) 你买哪本书?
(5) 只有这两个面包。你吃哪个?

2 哪里，还差得远呢！천만에요, 아직 멀었어요.

句中的"哪里"在对话中可以单独使用，也可以重叠使用，表示对方过奖以示谦虚。"得"后面的"远"是程度补语。这句话相当于韩语的"천만에요，아직 멀어요"。如：

여기서 "哪里"가 대화에서 단독적으로 쓰일 수 있으며, 중복해서 쓰일 수도 있다. 상대방의 칭찬에 겸손을 나타낸다. "得" 뒤에 있는 "远"이 정도보어이다. 한국어의 "천만에요, 아직 멀었어요"에 해당한다. 예:

(1) 你汉语说得太好了！——哪里，还差得远呢！
(2) 你学习挺努力(nǔlì 열심히 하다)的。
　　——哪里哪里，还差得远呢！

3 我交了很多外国朋友。나는 많은 외국 친구들과 사귀었어요.

句中的"多"是形容词，它修饰名词时，前面必带其他修饰语。如：

여기서 "多"는 형용사이며, 위와 같이 명사를 수식하는 경우에는 그 앞에 반드시 다른 수식어를 붙여야 한다. 예:

(1) 他有很多朋友。　　×他有多朋友。
(2) 你买了这么多书！　×你买了多书！

在祈使句中"多"多用于动词之前,在陈述句中"多"一般用于动词之后。如:

> 명령문이나 요청문에서는 "多"는 동사 앞에 많이 쓰이고, 서술문에서는 일반적으로 동사 뒤에 쓰인다. 예:

(1) 多吃!
(2) 多喝水!
(3) 他说得多,做得少。
(4) 弟弟吃得多,妹妹吃得不太多。

"我又多了一个中国朋友"中的"多"是动词,表示超出原有的或应有的数量或限度。"多"后面的数量词表示超出的幅度。如:

> "我又多了一个中国朋友" 중에 있는 "多"는 동사이며, 원래 있던 또는 반드시 있어야 할 수량이나 한도를 넘어서는 것을 나타낸다。"多"뒤에 붙인 수량사가 늘어난 양을 나타낸다. 예:

(1) 又多了两个朋友,你再去买4瓶啤酒!
(2) 班上多了两个女同学。
(3) 怎么(zěnme 어떻게)多了八百块钱?

4 我们班上有日本人、美国人
우리 반에 일본 사람, 미국 사람이 있다

句中的"上"读轻声,放在名词之后,表示范围,有"里"的意思,相当于韩语的"~에/~속"。如:

> 여기서 "上"은 경성으로 읽히고, 명사 뒤에 붙어서 범위를 나타낸다。"里"의 뜻이 있으며, 한국어의 "~에/~속"에 해당한다. 예:

(1) 你们班上有没有外国留学生?
(2) 书上说什么?
(3) 电话上我不想说。

5 我爱交朋友 나는 친구 사귀기를 좋아한다.

口语中"爱"常用来表示喜欢某种活动,相当于韩语的"~하는 것을 좋아하다"。如:

회화에서 "爱"를 쓰면 어떤 활동을 좋아하는 것을 나타낸다. 한국어의 "~하는 것을 좋아하다"에 해당한다. 예:

(1) 他很爱交朋友。
(2) 我弟弟爱玩儿，不爱学习。
(3) 我爱吃冰淇淋，也爱喝啤酒。

6 "电话号码"和"手机号" "电话号码"와 "手机号"

口语中常将"手机号码"简称为"手机号"，但没有将"电话号码"简称为"电话号"的习惯。

회화에서 "手机号码"를 "手机号"로 약칭하는 경우가 많지만, "电话号码"를 "电话号"로 약칭하는 습관은 없다.

7 "知道"和"认识" "知道"와 "认识"

"知道"和"认识"都可以翻译成韩语的"알다"，但两者在意思和用法上有区别。"知道"用法比较宽泛，指对事物有所了解或者掌握问题的答案。如：

"知道"와 "认识"는 똑같이 한국어의 "알다"로 번역할 수 있지만 그 뜻과 쓰임새에 차이가 있다. "知道"는 쓰임새가 비교적으로 광범위하며 어떤 사실을 아는 것이나 문제의 답을 아는 것을 나타낸다. 예:

(1) 我知道他的名字。
(2) 你知道她在哪儿吗？——我知道。她在图书馆。
(3) 她知道不知道你的手机号？——她知道我的手机号。

"认识"用于人际关系时，一般指具有某种私人交往的关系。如：

"认识"는 인간 관계에 쓰이는 경우에는 일반적으로 어느 정도의 개인적인 교제 관계를 맺고 있음을 나타낸다. 예:

(1) 认识你很高兴！
(2) 我知道她，但(dàn 그러나)我不认识她。
(3) 我认识很多中国朋友。
(4) 我在北京认识了一个德国朋友。

8 "再"和"又" "再"와"又"

"再"和"又"都可以表示动作重复或继续,但"再"用于未实现的,"又"用于已实现的。如：

> "再"도 "又"도 동작이 반복 혹은 계속됨을 나타내지만, 그 차이는 "再"는 아직 실현되지 않은 일에 쓰이고 "又"는 이미 실현된 일에 쓰인다는 점이다. 예:

(1) 再见！（다시 뵙겠습니다.）
　　昨天我又见他了。（어제 그를 또 봤다.）
(2) 再说一遍。
　　她又说了一遍。
(3) 再喝一杯！
　　他又喝了一杯。

Liànxí 연습

一 替换练习　바꾸어서 말하세요.

1. 他汉语说
   哪里,还差　　　得　　非常好。
   他也吃　　　　　　　远呢！
   弟弟玩儿　　　　　　不少。
   　　　　　　　　　　很高兴。

2. 我想
   他不常　　　　在　　A班学习。
   老师说他　　　　　　家。
   今年我　　　　　　　班上是一个好学生。
   　　　　　　　　　　中国交了很多朋友。

3. 他们
   他　　　　　　常　　和法国朋友一起玩儿。
   哥哥　　　　　　　　送女朋友礼物。
   星期六晚上他　　　　说："我要努力学习！"
   　　　　　　　　　　和朋友一起喝酒。

4. 她是你的大学同学，
   你妈妈是中国人，
   朋友们送了你很多生日礼物，   怪不得   你认识她！
   她现在有课，   你汉语说得这么好。
                                       你这么高兴。
                                       她不在宿舍。

5.   喝茶。
           再说一遍你的名字。
    请   再说一遍你的手机号，好吗？
           跟老师读一遍。

二 **根据回答说出问句**
　　주어진 대답에 근거하여 그 질문을 만드세요.

例　我家的电话号码是82305497。
　　→ 你家的电话号码是多少？

1. 她是英国人。→
2. 我不知道他的手机号。→
3. 我们商店的电话号码是64304157。→
4. 她认识我哥哥。→
5. 我们班上有两个法国人。→
6. 我又喝了两杯啤酒。→
7. 那个中国朋友的手机号是13656721186。→
8. 他说了三遍。→
9. 他汉语说得很好。→
10. 妈妈又给了我800块钱。→

三 **模仿例句改写句子**　보기와 같이 바꾸어 써 보세요.

A 例　哪个同学汉语说得好？（智贤）→ 智贤汉语说得好。

1. 他是哪国人？（法国）→
2. 哪两个同学去中国了？（李智贤和金智爱）→

3. 你喜欢哪本书？(《我是你爸爸》) →

4. 你要哪个号码？(这个) →

5. 他在哪个图书馆学习？(北京图书馆) →

B 例　他汉语说得很好。→ 他汉语说得不好。

1. 你知道得太多了！→

2. 他们买得少。→

3. 他给得这么少！→

4. 他说得很对。→

C 例　那儿外国留学生多吗？→ 那儿外国留学生多不多？

1. 他在家吗？→

2. 你们现在累吗？→

3. 你知道他的名字吗？→

4. 你的手机号是010-54683521吗？→

D 例　我喜欢交朋友。→ 我爱交朋友。

1. 她很喜欢喝可乐。→

2. 你喜欢喝啤酒吗？→

3. 我奶奶不喜欢吃米饭。→

4. 这个德国人非常喜欢看书。→

E 例　我认识的中国朋友很少。
　　→ 我认识的中国朋友非常少。

1. 那儿韩国学生很多。→

2. 他送我的玫瑰我很喜欢。→

3. 这个星期课很少。→

4. 他很想交一个女朋友。→

F 例 他在中国！→ 你知道他在哪儿吗？

1. 她只有600块钱。→
2. 她喝了5瓶啤酒。→
3. 他有6个姐姐。→
4. 他送给她九十九支玫瑰。→
5. 她是智爱的妹妹。→
6. 他们一个星期只有十节课。→

G 例 他和女朋友在一起。→ 他常和女朋友在一起。

1. 她吃方便面。→
2. 他们一起去图书馆学习。→
3. 晚上他在宿舍学习。→
4. 她和父母一起去中国。→

H 例 再喝一杯！→ 又喝了一杯。

1. 再买两本书。→
2. 再换500美元。→
3. 我再吃一包方便面。→
4. 爷爷再给你买一本词典。→

四 选词填空 보기에서 골라 빈칸을 채우세요.

| 怪不得 | 再 | 留学生 | 认识 | 远 | 又 | 号码 |
| 请 | 多 | 这么 | 知道 | 介绍 | 说 | 上 | 遍 |

1. 我想交一个中国朋友，你帮我_____一个中国学生，好吗？
2. 他说他们班_____有五个英国学生。
3. 你上了五节课！_____你这么累！
4. _____喝水，少吃饭。

5. _____再说一遍你父母的名字。

6. 这本书很好，我看了两_____。

7. 太少了！你_____买五个面包。

8. 在北京学习汉语的外国_____很多。

9. 你_____李老师家的电话_____吗？

10. 我不想去法国，法国太_____了。

11. 这个日本人我知道，但我不_____他。

12. 你_____想去美国吗？

13. 你不_____我也知道。

14. 你妈妈是中国人，_____你汉语说得这么好！

15. 最近他_____交了一个女朋友。

五 根据拼音写出正确的汉字并进行联想记忆

병음 부호를 보고 한자를 정확하게 쓰고, 일련의 단어를 관련지어 암기하세요.

例　中国　→　中国人　→　Hànyǔ 汉语

"中国语"一词是韩式说法，正确说法是"汉语"。中国是个拥有56个民族的多民族国家，各民族都有自己的语言，汉语是占中国人口92%的汉族所使用的语言，也是中国的官方语言。在中国不使用"中国语"一词。

"中国语"는 한국식 말투이다. 정확한 말은 "汉语"이다. 중국은 56 개 민족이 있는 다민족 국가이며, 각 민족마다 제각기 자신의 언어를 가지고 있다. 汉语는 중국 전 인구의 92%를 차지하는 漢族이 사용하는 언어이고 또한 중국 정부의 공식적인 언어이다. 중국 안에서는 "中国语"란 말을 쓰지 않는다.

1. 韩国 → 　　韩国人　　　→ Hánguóyǔ ＿＿＿＿

2. 美国 / 英国 → 　　美国人 / 英国人　　→ Yīngyǔ ＿＿＿＿

3. 日本 → 　　日本人　　　→ Rìyǔ ＿＿＿＿

4. 法国 → 　　法国人　　　→ Fǎyǔ ＿＿＿＿

5. 德国 → 　　德国人　　　→ Déyǔ ＿＿＿＿

六 参照例文的形式谈谈你的交友情况

보기를 참고하여 자기가 친구를 사귀는 상황에 대하여 이야기해 보세요.

보기:

　　我是一个韩国留学生，在北京大学学习汉语，已经在中国留学一年了。我性格很外向，爱说话，喜欢交朋友。我有很多外国朋友，也认识不少中国朋友。我最好的中国朋友叫张欢英，她是北京人，今年二十岁，是北京大学中文系二年级的学生。欢英人很好，非常善良，我很喜欢她。她学习很努力，有时候周末也去图书馆学习。我常对她说："你不累吗？休息休息吧。"欢英英语说得很流利，她说她很想去美国留学。欢英有时候也对我说英语，可是我英语不太好，听不懂她说什么。

性格	xìnggé	성격	外向	wàixiàng	외향적이다
话	huà	말	最	zuì	가장
张欢英	Zhāng Huānyīng	중국인명	善良	shànliáng	착하다
周末	zhōumò	주말	流利	liúlì	유창하다
可是	kěshì	그러나	听不懂	tīng bu dǒng	알아듣지 못하다

七 读下面的对话，然后做一个会话练习，会话情景是跟一个陌生的中国人聊天并结识对方

다음 회화를 읽은 후에 회화를 연습하세요. 회화 상황은 낯선 중국 사람과 이야기하다가 사귀게 되는 것이다.

A: 你不是中国人吧？
B: 对，我不是中国人。你看，我是哪国人？
A: 你是日本人吗？
B: 不，我不是日本人。
A: 那你是韩国人，对吧？
B: 对。我是留学生，现在在北京大学学习汉语。
A: 是吗？怪不得你汉语说得这么好！我有个好朋友叫张欢英，也在北大上学，她说她有很多韩国朋友，不知道你认识不认识她？
B: 张欢英，认识！她是我的汉语辅导，也是我的好朋友。

A: 是吗？你是欢英的朋友,那也是我的朋友,认识你很高兴!
B: 认识你我也很高兴!
A: 这是我的名片。以后咱们常联系。
B: 好的。

| 辅导 | fǔdǎo | 과외지도 | 名片 | míngpiàn | 명함 |
| 以后 | yǐhòu | 앞으로 | 联系 | liánxì | 연락하다 |

第十一课　认识你很高兴
Rènshi nǐ hěn gāoxìng
알게 되어서 아주 기쁩니다

生词　Shēngcí　새 단어

1. 先生	xiānsheng	명	선생. 씨(성인 남자에 대한 존칭)
2. 来	lái	동	오다. (나서서) ~하겠다
3. 一下儿	yíxiàr		한번쯤. 좀 ("~해보다"란 의미를 갖는 동사와 호응함)
4. 位	wèi	양	명. 분(사람 수를 세는 양사이자 존칭)
5. 小姐	xiǎojie	명	아가씨
6. 公司	gōngsī	명	회사
7. 问	wèn	동	묻다. 질문하다
8. 请问	qǐngwèn		말씀 좀 여쭙겠습니다. 실례지만 물어보겠습니다
9. 朝鲜族	Cháoxiǎnzú	명	조선족. 한인동포
10. 汉族	Hànzú	명	한족
11. 但	dàn	접	그러나. 그렇지만
12. 都	dōu	부	모두. 다
13. 南方	Nánfāng	명	남쪽. 남방. 남부(중국에서 보통 長江 유역과 그 이남 지역을 말함)

14. 会	huì	조동	동	~할 줄 알다. 능통하다
15. 一点儿	yìdiǎnr	수량		조금
16. 女孩儿	nǚháir	명		여자 아이. 소녀
17. 怎么	zěnme	대		왜. 어떻게. 어째서
18. 对	duì	개		~에 대하여. ~에게
19. 感兴趣	gǎn xìngqu			관심이 있다. 흥미가 있다
20. 觉得	juéde	동		~라고 느끼다. ~라고 생각하다
21. 可爱	kě'ài	형		귀엽다. 사랑스럽다
22. 当然	dāngrán	부		당연히. 물론
23. 师妹	shīmèi	명		여자 후배
24. 系	xì	명		학과
25. 新生	xīnshēng	명		신입생
26. 跟	gēn	개	접	~와(과)
27. 行	xíng	형		좋다. 되겠다
28. 过来	guòlai			건너오다
29. 师兄	shīxiōng	명		남자 선배
30. 事	shì	명		일
31. 啊	a	조		의문문의 끝에 쓰여 부드러운 어감을 준다
32. 高中	gāozhōng	명		고등학교
33. 美女	měinǚ	명		미녀
34. 朴	Piáo	고유		박(姓)
35. 陈	Chén	고유		진(姓)
36. 朴泰雄	Piáo Tàixióng	고유		박태웅(한국인 이름)
37. 华韩公司	Huáhán Gōngsī	고유		'화한'이란 이름을 가진 회사

课文 Kèwén 본문

1

A: 朴先生，我来介绍一下儿，
Piáo xiānsheng, wǒ lái jièshào yíxiàr,
这位是陈小姐。
zhè wèi shì Chén xiǎojie.
陈小姐，这位是华韩
Chén xiǎojie, zhè wèi shì Huáhán
公司的朴先生。
Gōngsī de Piáo xiānsheng.

B: 您好，朴先生。
Nín hǎo, Piáo xiānsheng.

C: 你好，陈小姐。请问陈小姐是朝鲜族吗？
Nǐ hǎo, Chén xiǎojie. Qǐngwèn Chén xiǎojie shì Cháoxiǎnzú ma?

B: 我不是朝鲜族，我是汉族。
Wǒ bú shì Cháoxiǎnzú, wǒ shì Hànzú.

C: 陈小姐是哪儿的人？
Chén xiǎojie shì nǎr de rén?

B: 我在北京出生，是北京人，但我父母都是
Wǒ zài Běijīng chūshēng, shì Běijīngrén, dàn wǒ fùmǔ dōu shì
南方人。
Nánfāngrén.

C: 陈小姐会说韩国语吗？
Chén xiǎojie huì shuō Hánguóyǔ ma?

B: 会一点儿。
Huì yìdiǎnr.

2

A：那个 女孩儿 是 谁？
Nà ge nǚháir shì shéi?

B：怎么，你 对 她 感 兴趣？
Zěnme, nǐ duì tā gǎn xìngqu?

A：我 觉得 她 挺 可爱 的。
Wǒ juéde tā tǐng kě'ài de.
你 认识 她 吗？
Nǐ rènshi tā ma?

B：当然 认识。她 是 我 师妹，我们 系 一 年级 的 新生。
Dāngrán rènshi. Tā shì wǒ shīmèi. Wǒmen xì yī niánjí de xīnshēng.

A：那 你 介绍 我 跟 她 认识 一下儿。
Nà nǐ jièshào wǒ gēn tā rènshi yíxiàr.

B：行。
Xíng.

3

B：智贤，过来 一下儿！
Zhìxián, guòlai yíxiàr!

C：师兄，什么 事 啊？
Shīxiōng, shénme shì a?

B：来，认识 一下儿，这 是 我 的
Lái, rènshi yíxiàr, zhè shì wǒ de
高中 同学 朴 泰雄。
gāozhōng tóngxué Piáo Tàixióng.

C：你 好！
Nǐ hǎo!

B：泰雄，这 是 我 的 美女 师妹 金 智贤。
Tàixióng, zhè shì wǒ de měinǚ shīmèi Jīn Zhìxián.

A：你 好！认识 你 很 高兴。
Nǐ hǎo! Rènshi nǐ hěn gāoxìng.

注释　Zhùshì 설명

1 我来介绍一下儿　제가 좀 소개해 드리겠습니다.

句中的"来"用于另一个动词前表示要做某事，相当于韩语的"(나서서) ~하겠다"。如：

> 여기서 "来"를 다른 동사 앞에서 사용할 경우에는 어떤 일을 하려는 적극성을 나타낸다. 한국어의 "(나서서) ~하겠다"에 해당한다. 예:

(1) 我来帮你。
(2) 我来说。
(3) 我来问你一个问题。

一般情况下"来"作为动词，相当于韩语的"오다"。如：

> 일반적으로 "来"는 동사이며, 한국어의 "오다"에 해당한다. 예:

(1) 他已经来了。
(2) 你什么时候来韩国？

"来"单独使用时，常表示敦请对方做某事，相当于韩语的语气词"자"。如：

> "来"를 단독으로 사용할 경우에는 상대방보고 어떤 일을 해달라는 요청을 미리 예고한다. 한국어의 어기사 "자"에 해당한다. 예:

(1) 来，认识一下儿！
(2) 来，你也喝一杯！
(3) 来，说说你这几年过得怎么样。

"一下儿"用于动词之后，表示做一次或试着做，相当于韩语的"한번쯤"或者"좀 (~해보다)"。如：

> "一下儿"는 동사 뒤에 붙이며, 한번쯤 하는 것이나 시험적으로 해보다는 뜻을 나타낸다. 한국어의 "한번쯤" 혹은 "좀 (~해보다)"에 해당한다. 예:

(1) 你们过来一下儿。
(2) 你帮我一下儿。
(3) 我来说一下儿这个问题。

第十一课 认识你很高兴

2　这位是陈小姐　이분은 미스 진입니다.

"位"作为人的量词含有敬意，"个"则不含有敬意。如：

> "位"도 사람의 양사이며, 공경하는 의미를 지닌다. "个"는 공경하는 의미를 지니지 않는다. 예:

(1) 两位老师和六个学生都来了。
(2) 这位是金先生，那位是朴先生。
(3) 你喜欢哪一位小姐？——我觉得这三位小姐都很可爱。

3　请问陈小姐是朝鲜族吗？
　　여쭈어보겠습니다, 미스 진은 조선족입니까?

疑问句的前面加上"请问"可以使问话变得更为客气和柔和。"请问"相当于韩语的"말씀 좀 여쭙겠습니다"。如：

> 의문문 앞에 "请问"를 사용하면 질문하는 말투를 예의 바르고 부드럽게 만든다. "请问"은 한국어의 "말씀 좀 여쭙겠습니다"에 해당한다. 예:

(1) 请问你是哪国人？
(2) 请问金老师是北京人吗？
(3) 请问你的手机号是多少？

4　会一点儿　조금 할 수 있습니다.

"会"既可当动词，也可以当助动词，表示懂得怎样做或有能力做某事，相当于韩语的"~할 줄 알다"或"능통하다"。如：

> "会"는 동사나 조동사로 쓰인다. 어떤 일을 할 줄 알거나 어떤 일을 할 수 있는 능력이 있음을 나타낸다. 한국어의 "~할 줄 알다" 혹은 "능통하다"에 해당한다. 예:

(1) 你会什么？——我会电脑(diànnǎo 컴퓨터)。
(2) 他会说英语和汉语。
(3) 她会一点儿韩国语，但说得不好。

"一点儿"表示很少的量或者不定的量，相当于韩语的"조금"、"약간"。如：

> "一点儿"는 수량이 적거나 명확하지 않음을 나타낸다. 한국어의 "조금" 혹은 "약간"에 해당한다. 예:

(1) 只有这么一点儿。
(2) 早上我喝了一点儿牛奶。
(3) 爷爷给了我一点儿钱。

5 怎么,你对她感兴趣？ 왜？ 그녀에게 관심이 있어？

"怎么"单独在句前使用,往往用来引导对方说出真实情况。相当于韩语的"왜,~하다 말이야"。如:

> "怎么"를 단독으로 어구 앞에 사용할 경우에는 상대방에게 진실한 상황을 알리도록 유도하는 말투가 된다. 한국어의 "왜, ~하다 말이야?"에 해당한다. 예:

(1) 怎么,你不想去?
(2) 怎么,你还不知道?
(3) 怎么,你也认识她?

一般情况下,"怎么"作为疑问代词多放于句中动词之前,用来询问方式或原因。相当于韩语的"어떻게"或者"어째서"。如:

> 보통 "怎么"는 의문대명사로서 동사의 앞에 놓여 일이 진행된 방식이나 원인을 묻는 경우가 많다. 한국어의 "어떻게"나 "어째서"에 해당한다. 예:

(1) 没有钱,怎么去中国留学？
(2) 你的名字怎么写？
(3) 他怎么也来了？

句中的"对"是介词,指示动作关联的对象。相当于韩语的"~에 대하여"或"~에게"。如:

> 여기서 "对"는 개사이며 동작과 관련된 대상을 지정한다. 한국어의 "~에 대하여" 혹은 "~에게"에 해당한다. 예:

(1) 弟弟对学习不感兴趣,只对玩儿感兴趣。
(2) 他们都对这个问题很感兴趣。
(3) 她对你说什么？——她说她不想一个人去。
(4) 朋友们对我很好。(친구들은 나에게 되게 잘 해줘요.)

6 什么事啊？ 무슨 일이예요?

"啊"是语气助词，用于有疑问代词的疑问句句尾，可以使问话的语气更为舒缓柔和。请对比下面的问句：

> "啊"는 어기조사로서, 의문사가 있는 의문문 끝에 붙이면 부드러운 어감을 준다. 다음 의문문을 대조해 읽어 보세요.

(1) 你是谁啊？
　　你是谁？
(2) 你们是哪儿的人啊？
　　你们是哪儿的人？
(3) 你哥哥今年多大啊？
　　你哥哥今年多大？

练习 Liànxí 연습

一 选择恰当的词填空　보기에서 골라 빈칸을 채우세요.

| 一下儿 | 南方 | 问 | 跟 | 那 | 可爱 |
| 先生 | 怎么 | 觉得 | 都 | 位 | 朝鲜族 | 来 |

1. 我爸是汉族，我妈是_____。
2. 陈_____是我的好朋友，我介绍你_____他认识_____。
3. 我父母和爷爷、奶奶_____在_____，我一个人在北京上大学。
4. 你是中文系的学生，_____不会说汉语？
5. 你_____一下儿老师，老师知道。
6. 我_____他今天不太高兴，你没送他生日礼物吗？
7. 这几个新生很_____，我很喜欢他们。
8. A: 你认识这_____小姐吗？
　 B: 不认识啊。
　 A: _____她怎么说她是你的大学同学呢？
9. _____，一起吃！

二 替换练习　바꾸어서 말해 보세요.

1. 请问，
   - 你们去哪儿吃饭？
   - 中国南方人都爱吃米饭吗？
   - 您的电话号码是多少？
   - 您喜欢什么花？
   - 你姐姐今年多大？

2.
   - 我们都
   - 谁
   - 我们当然
   - 他们都
   - 有人

   会

   - 说汉语。
   - 说英语和日语？
   - 说韩国语。
   - 一点儿德语。
   - 法语吗？

3.
   - 朋友们都来了，我很
   - 认识这么多美女，他非常
   - 男朋友忘(wàng 잊다)了她的生日，她当然不
   - 昨天我过生日，朋友们送了我很多礼物，我很

   高兴。

4. 我来介绍一下，
   - 这位是我师兄朴泰雄。
   - 这是我的好朋友金智爱。
   - 这是我的母校北京大学。
   - 这位是教我们汉语的李老师。
   - 这是华韩公司的陈先生和金小姐。

5. 来，
   - 这是中国酒，你也喝一杯！
   - 你和我们一起吃，怎么样？
   - 看看我在中国给你买的礼物！
   - 认识一下儿，这是我师弟金大中。
   - 我们一起读一遍课文。

三　回答问题　다음 질문에 대답하세요.

1. 你会几门外语？→
2. 你会说日语和德语吗？→
3. 你认识几个中国朋友？→
4. 在韩国的中国人都是朝鲜族吗？→
5. 你是不是韩国的南方人？→
6. 你在哪儿出生？→
7. 你妈妈是哪儿的人？→
8. 你是大学一年级的新生吗？→
9. 你的中国朋友都是汉族吗？→
10. 你对学外语感兴趣吗？→

四　根据回答说出问句
주어진 대답에 근거하여 그 질문을 만들어 보세요.

例　我不认识这位金先生。→ 你认识这位金先生吗？

1. 我女朋友是北京人。→
2. 对，我很想认识他。→
3. 我爷爷在汉城出生。→
4. 她会两门外语：英语和日语。→
5. 不，我父母都不是南方人。→
6. 对，他们都是我的高中同学。→

五　模仿例句改写句子　보기와 같이 바꾸어 써보세요.

A 例　我介绍一下儿。→ 我来介绍一下儿。

1. 我帮你。→
2. 我买啤酒和面包。→
3. 我介绍一下儿我们公司。→
4. 我说一下儿这个问题。→

B 例　他会说汉语。→ 他会说一点儿汉语。

1. 他的身体有问题。→
2. 弟弟只喝了牛奶。→
3. 这位师姐会德语。→
4. 哥哥想喝啤酒。→

C 例　我觉得她很可爱。→ 怎么,你觉得她很可爱?

1. 我一点儿钱也没有。→
2. 我每天吃方便面。→
3. 他想认识这个女孩儿。→
4. 你妹妹不想上大学。→

D 例　朴先生 / 说 → 朴先生怎么说?

1. 这个汉字 / 读 →
2. 你的汉语名字 / 写 →
3. 你知道 / 做吗 →
4. 你 / 也认识他 →
5. 弟弟 / 没去图书馆学习 →

E 例　金先生今年多大年纪? → 金先生今年多大年纪啊?

1. 你想吃什么? →
2. 你怎么这么高兴? →
3. 你在家是老几? →
4. 你家有几口人? →
5. 你们想去哪儿玩儿? →

六 读下面的例文,然后介绍一位你熟悉的同学或朋友
보기를 읽고 잘 아는 학우나 친구 한 명을 소개해 보세요.

보기:

　　我来介绍一下我师兄朴泰雄。他是我们系有名的帅哥,很多女孩儿都喜欢他。2月14号那天,有很多师姐和师妹送他巧克力,我很羡慕他。他朋友很多,我觉得他很会交朋友。朋友们都觉得他人很好,很有人情味儿。他汉语说得很好,也会说英语。他很喜欢喝啤酒,也爱吃冰淇淋。他说他明年要去中国留学。

有名	yǒumíng	유명하다	帅哥	shuàigē	잘생긴 젊은 남자
巧克力	qiǎokèlì	초콜렛	羡慕	xiànmù	부러워하다
人情味儿	rénqíngwèir	인정미			

七 读下面的对话,然后模仿表演
다음 회화를 읽고 암기하여 발표하세요.

A: 对不起,请问,您是韩京公司的朴先生吗?
B: 是啊。你是智英的朋友陈小泉吧?
A: 对。认识您很高兴。
B: 认识你我也很高兴!我第一次来中国,认识的人很少,又不会说汉语,你要多帮帮我。
A: 行啊,您有事就跟我说。
B: 你韩国语说得挺好的,你是朝鲜族吗?
A: 我不是朝鲜族,我是汉族。
B: 那你怎么会说韩国语呢?
A: 我是韩国语系的学生,已经学了两年的韩国语。
B: 怪不得!我也很想学汉语,你帮我介绍一位汉语老师,好吗?
A: 好。您看我行吗?我可以教你汉语。

| 第一次 | dì yī cì | 처음 | 就 | jiù | 바로 |
| 教 | jiāo | 가르치다 | | | |

第十二课　约会
Yuēhuì
약속

生词　Shēngcí　새 단어

1. 约会　yuēhuì　명　약속. 데이트
2. 空儿　kòngr　명　틈. 짬
3. 考试　kǎoshì　명 동　시험. 시험 치다
4. 期中考试　qīzhōng kǎoshì　　중간고사
5. 全都　quándōu　부　모두. 전부. 다
6. 考　kǎo　동　시험 보다
7. 完　wán　동　끝나다. 다하다
8. 电影　diànyǐng　명　영화
9. 自行车　zìxíngchē　명　자전거
10. 过　guo　조　동사 뒤에 붙어 동작이 과거에 일어난 것이나 동작이 완료되었음을 나타낸다
11. 打(电话)　dǎ(diànhuà)　동　(전화)를 하다
12. 让　ràng　동　~하게 하다
13. 门口　ménkǒu　명　입구
14. 见面　jiàn miàn　　만나다

15. 等	děng	동	기다리다
16. 打扮	dǎban	동	치장하다. 꾸미다
17. 漂亮	piàoliang	형	예쁘다
18. 见	jiàn	동	만나다
19. 神秘	shénmì	형	신비하다
20. 告诉	gàosu	동	알려주다. 말해주다
21. 注意	zhùyì	동	주의하다. 조심하다
22. 安全	ānquán	형	안전하다
23. 早	zǎo	형	(때가) 이르다. 일찍
24. 回来	huílai		돌아오다
25. 放心	fàngxīn	동	안심하다. 마음 놓다
26. 白马王子	báimǎ wángzǐ		백마 탄 왕자님
27. 送	sòng	동	배웅하다. 전송하다
28. 作业	zuòyè	명	숙제
29. 过去	guòqù	명	과거
30. 洗澡	xǐ zǎo		목욕하다
31. 睡觉	shuì jiào		잠을 자다
32. 快	kuài	형	빠르다. 빨리
33. 时间	shíjiān	명	시간

课文 Kèwén 본문

A: 今天 晚上 你 有 空儿 吗?
Jīntiān wǎnshang nǐ yǒu kòngr ma?

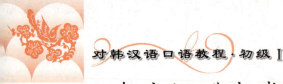

B：有 空儿！期中 考试 全都 考完 了。
　　Yǒu kòngr! Qīzhōng kǎoshì quándōu kǎowán le.

A：咱们 一起 去看 电影，怎么样？
　　Zánmen yìqǐ qù kàn diànyǐng, zěnmeyàng?

B：好 啊。什么 电影？
　　Hǎo a. Shénme diànyǐng?

A：《北京 自行车》。看过 吗？
　　《Běijīng Zìxíngchē》. Kànguo ma?

B：没 看过。我 给 智贤 打个 电话，让 她 也 一起
　　Méi kànguo. Wǒ gěi Zhìxián dǎ ge diànhuà, ràng tā yě yìqǐ
　　去 吧。
　　qù ba.

A：行。咱们 在哪儿 见 面？
　　Xíng. Zánmen zài nǎr jiàn miàn?

B：晚上 七点 半，我在学校 门口儿 等 你们。
　　Wǎnshang qī diǎn bàn, wǒ zài xuéxiào ménkǒur děng nǐmen.

2

A：打扮 得 这么 漂亮，去哪儿 啊？
　　Dǎban de zhème piàoliang, qù nǎr a?

B：我 有 约会，去见个 朋友。
　　Wǒ yǒu yuēhuì, qù jiàn ge péngyou.

A：什么 朋友 这么 神秘？
　　Shénme péngyou zhème shénmì?

B：现在 我还不 想 告诉你。
　　Xiànzài wǒ hái bù xiǎng gàosu nǐ.

A：注意 安全， 晚上 早 点儿 回来啊。
　　Zhùyì ānquán, wǎngshang zǎo diǎnr huílai a.

B：放心 吧，有 白马 王子 送 我 回来。
　　Fàngxīn ba, yǒu báimǎ wángzǐ sòng wǒ huílai.

注释 Zhùshì 설명

1 期中考试全都考完了。 중간고사가 모두 끝났다.

句中的"全都"是表示范围的副词，相当于韩语的"모두"或"다"。如：

여기서 "全都"는 범위를 나타내는 부사이며, 한국어의 "모두"나 "다"에 해당한다. 예:

(1) 全都很漂亮。
(2) 他们全都是朝鲜族。
(3) 作业我全都做完了。

"完"用于动词之后，表示动作的完成和结束，相当于韩语的"다 하다"。如：

"完"는 동사 뒤에 붙어서 동작의 완료를 나타낸다. 한국어의 "다 하다"에 해당한다. 예:

(1) 你吃完了吗？——我吃完了。
(2) 这本书你看完了吗？——还没看完。

2 看过吗？ 본 적이 있느냐?

句中的"过"是助词，用于动词之后，表示过去曾经有这样的事情，相当于韩语的"~한 적이 있다"。否定式是"没(有)+动词+过"。如：

어구에 있는 "过"는 조사이며, 동사 뒤에 붙어 과거에 일어난 것임을 나타낸다. 한국어의 "~한 적이 있다"에 해당한다. 부정형은 "没(有)+동사+过"이다. 예:

(1) 你去过中国吗？——去过。
(2) 你见过这个人吗？——没见过。
(3) 我爱过她，但那是过去的事了。

3 **我给智贤打个电话** 내가 지현이에게 전화할게.

句中"打个电话"是"打一个电话"的省略式。口语中量词前面的"一"被省略很常见。如：

> 여기서 "打个电话"는 "打一个电话"에서 "一"를 생략한 형태이다. 입말에서 양사 앞에 있는 "一"는 생략되는 경우가 허다하다. 예:

(1) 饿了吧？吃个面包。
(2) 我想喝杯咖啡。
(3) 他买了本韩汉词典。
(4) 我去见个朋友。
(5) 洗个澡,睡个觉,好好儿休息休息。

4 **让她也一起去吧。** 그녀도 함께 가게 하자.

句中的"让"表示容许,相当于韩语的"하여금 ~하게 하다"。如：

> 여기서 "让"은 허용을 나타내며, 한국어에서 "하여금 ~하게 하다"에 해당한다. 예:

(1) 没关系,让弟弟玩儿吧。
(2) 让他们都来我家吧。
(3) 爸爸,让我去中国留学吧!

"吧"用于祈使句末尾,表示命令、请求或建议,相当于韩语的"~해 보세요"或"~해 주세요"。如：

> "吧"는 명령문의 끝에 쓰일 때에 명령, 청구 혹은 건의를 나타낸다. 한국어의 "~해 보세요"나 "~해 주세요"에 해당한다. 예:

(1) 你说吧。
(2) 给我买两包方便面吧。
(3) 你问一下儿朴老师吧。

5 **"见面"的用法** "见面"의 쓰임새

"见面"不能带宾语,这跟韩语词"만나다"的用法是不一样的。"친구를 만나다"不能说成"见面朋友",而应该说"跟朋友见面"或"见朋友"。如：

"见面" 뒤에 목적어가 직접 올 수 없기 때문에 한국어의 "만나다"와 그 쓰임새가 약간 다르다. 그래서 "친구를 만나다"를 "见面朋友"로 표현하면 얼토당토않는 말이 된다. 대신에 "跟朋友见面" 혹은 "见朋友"로 표현해야 한다. 예:

(1) 星期六我跟大学同学见面。
(2) 我不认识他,我跟他没见过面。
(3) 你不想跟这个漂亮女孩儿见个面吗?
(4) 下午见高中同学,晚上见大学同学。

6 晚上早点儿回来啊。 저녁에 좀 일찍 돌아오너라.

"早点儿"也可以说成"早一点儿",口语中常常省略"一"。"点儿"放在形容词或者动词后面。如:

"早点儿"은 "早一点儿"로 말해도 된다. 회화에서 "一"는 생략되는 경우가 많다. "点儿"은 형용사나 동사 뒤에 붙는다. 예:

(1) 快点儿! 快点儿!
(2) 我想喝点儿茶。
(3) 你一个人去,注意点儿安全!

练习 Liànxí 연습

一 选择恰当的词填空 보기에서 골라 빈칸을 채우세요.

| 空儿 | 还行 | 让 | 见面 | 漂亮 | 早 | 注意 |
| 考试 | 等 | 安全 | 约会 | 过去 | 问 | 过 |

1. 我跟男朋友有_____,当然要打扮得_____一点儿。

2. 你看_____日本电影吗?

3. 你身体不好,_____点儿睡觉吧。

4. A: 你考得怎么样?
   B: 考得不好。你呢?
   A: 我考得_____。泰雄呢?

B: 我不知道, 你_____他吧。

5. 一个人去不_____, 我和你一起去吧。

6. A: 咱们几点_____?

　　B: 下午两点, 我在宿舍门口_____你。

7. 你不_____身体怎么行呢?

8. A: 明天晚上有_____吗?

　　B: 没空儿!

　　A: 怎么又没空儿?

　　B: 后天早上有_____。

9. 我不给他打电话, _____他给我打电话。

10. 现在是现在, 过去是_____, 现在我对他已经不感兴趣了。

二 替换练习　바꾸어서 말하세요.

1. 水　　　　　　　　　　　　喝完了。
   他们　　　　　　　　　　　去学校了吧?
   我们　　　　　全都　　　　爱吃冰淇淋。
   女孩儿们　　　　　　　　　打扮得很漂亮。
   韩国语系的学生　　　　　　会说韩国语。

2. 她还没有吃　　　　　　　　饭。
   我已经看　　　　　　　　　这本书了。
   我只做　　　　　完　　　　了陈老师的作业。
   等她打扮　　　　　　　　　, 已经六点半了。
   他吃　　　　　　　　　　　面包, 又喝啤酒。

3. 你们汉语考试考　　　　　　怎么样?
   昨天晚上我睡　　　　　　　不太好。
   这个女孩儿打扮　　　得　　很可爱。
   今天爸爸回来　　　　　　　非常早。
   他说　　　　　　　　　　　太快了!

4. 放心吧, 　　有朋友帮我。
　　　　　　我考得非常好。
　　　　　　作业我全都做完了。
　　　　　　你想要的我全都给你买。

三 根据回答说出问句
주어진 대답에 근거하여 그 질문을 만들어 보세요.

例 我给泰雄打电话。→ 你给谁打电话？

1. 这是美国电影。→
2. 这是我的自行车。→
3. 我跟一个大学同学有约会。→
4. 我们在学校图书馆门口见面。→
5. 咱们晚上八点半见面吧。→
6. 我没看过英国电影。→
7. 李先生送我回家。→
8. 我星期三和星期五有空儿。→
9. 我们十一月十五号考试。→

四 模仿例句改写句子 보기와 같이 바꾸어 써보세요.

A 例 你看过德国电影吗？(☺) → 我看过德国电影。
　　 你看过德国电影吗？(☹) → 我没(有)看过德国电影。

1. 你注意过他的自行车吗？(☺) →
2. 你吃过中国的方便面吗？(☹) →
3. 你给过他钱吗？(☺) →
4. 你给他介绍过女朋友吗？(☹) →
5. 你跟他见过面吗？(☺) →
6. 你给他打过电话吗？(☹) →
7. 你喝过德国啤酒吗？(☺) →
8. 昨天他回来过吗？(☹) →

B 例　他想回家。→ 让他回家吧。

1. 智贤想去中国留学。→
2. 他想洗澡。→
3. 他想在这儿睡觉。→
4. 他想跟我们一起去北京。→
5. 他想休息两天。→

C 例　你注意一点儿安全。→ 你注意点儿安全。

1. 今天早一点儿睡觉吧。→
2. 你是一个女孩儿，晚上早一点儿回来。→
3. 我想买个漂亮一点儿的手机。→
4. 你快一点儿告诉他吧。→
5. 早上我喝了一点儿牛奶。→
6. 你快一点儿做完作业吧。→

D 例　明天上午我没有时间。→ 明天上午我没有空儿。

1. 下午没时间，晚上有时间。→
2. 他常说他没时间。→
3. 星期六下午和晚上都有时间。→
4. 他们都没有时间。→

E 例　他对我说他明天有考试。→ 他告诉我他明天有考试。

1. 他对我说他姐姐很漂亮。→
2. 泰雄对我说他昨晚没有睡觉。→
3. 金小姐对我说她今晚有约会。→
4. 陈先生对我说他去过法国。→
5. 他对我说这个朋友很神秘。→

五 按正确的顺序排列成句子
정확한 어순에 따라 주어진 단어를 배열하세요.

例 考 期中 全都 了 我们 完 考试
→ 我们期中考试全都考完了。

1. 和 让 一起 他 吧 我们 去
→

2. 去 常 电影 那儿 看 他们
→

3. 给 打 他 晚上 我 电话 每天
→

4. 等 两点 你 学校 在 食堂 我 门口儿
→

5. 还 现在 的 不 告诉 电话 想 你 我 号码 我
→

六 看拼音,查找、抄写并熟记对应的生词
병음 부호에 따라 보기에서 해당하는 단어를 찾아 적고 외워두세요.

(圆珠笔 桌子 手表 书包 电视 本子 椅子 床 电脑)

例 shǒujī 휴대폰 → 手机

1. shǒubiǎo →
   손목시계

2. diànshì →
   텔레비전

3. diànnǎo →
   컴퓨터

4. shūbāo →
   책가방

5. yuánzhūbǐ →
   볼펜

6. běnzi →
   공책

7. zhuōzi →
   상

8. yǐzi →
   의자

9. chuáng →
   침대

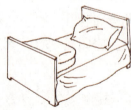

七 填空并朗读一遍

다음 글을 완성하고 큰 소리로 한번 읽어보세요.

今天下午泰雄给我打来电话,约我星期四晚上一起去看电_____。但我星期五上_____十点有考试,星期四晚上哪有时间玩儿呢?我_____近期中考试,学习非_____忙,很长时间没跟泰雄见面了,挺对不起他的。他常给我打电话,约我出去玩儿,有时候送我很_____亮的花。朋友们都问我:"他是你男朋友吗?"我告_____朋友们,泰雄对我很好,我也觉_____泰雄是一个很好的朋友,所以两个人常在一起玩儿。但我不知道这是不是爱情。爱情到底是什么?你知道吗?

约	yuē	~하자고 권유하다	长	cháng	길다
出去	chūqù	나가다	所以	suǒyǐ	그러므로
爱情	àiqíng	사랑	到底	dàodǐ	도대체

八 参照下面对话的形式做一个会话练习:跟朋友相约周末一起出去玩儿

다음 대화를 참조하여 회화 연습하세요. 회화 상황은 주말에 친구와 함께 놀러가는 것입니다.

A: 周末你有什么打算?

B: 没什么打算。我想在家睡觉,好好儿休息休息。

A: 那多没意思。我有个高中同学星期六过生日,你跟我一起去他家玩儿吧。

B: 我又不认识他。

A: 没关系,我介绍你跟他认识。

B: 好吧。

A: 那星期六下午3点你来我家,然后咱们一起去我那位同学家。

B: 生日礼物呢?

A: 你放心,我已经买了。说实话,我那位同学看过你的照片儿,他觉得你很可爱,很想认识你……

打算	dǎsuan	계획
没意思	méi yìsi	재미없다
说实话	shuō shíhuà	솔직히 말하면

九 练习下面的绕口令 다음 잰말놀이를 연습하세요.

Cán hé chán	蚕和蝉	누에와 매미
Zhè shì cán,	这是蚕,	이것은 누에이고,
Nà shì chán.	那是蝉。	그것은 매미이다.
Cán cháng zài yè lǐ cáng,	蚕常在叶里藏,	누에는 항상 잎사귀 속에 숨고,
Chán cháng zài lín lǐ chàng.	蝉常在林里唱。	매미는 항상 숲속에서 노래한다.

第十三课　我住7号楼

Wǒ zhù qī hào lóu

나는 7 동에 산다

生词　Shēngcí 새 단어

1. 住　　　zhù　　　　　동　살다. 거주하다
2. 楼　　　lóu　　　　　명　건물. 동. 빌딩
3. 就　　　jiù　　　　　부　바로. 곧
4. 网球场　wǎngqiúchǎng　명　테니스장
5. 旁边　　pángbiān　　　명　옆
6. 房间　　fángjiān　　　명　방
7. 层　　　céng　　　　　양　층. 겹(겹쳐 있는 것을 셀 때 쓰는 양사)
8. 条件　　tiáojiàn　　　명　조건
9. 不错　　búcuò　　　　 형　괜찮다. 좋다
10. 室内　 shì nèi　　　　실내
11. 空调　 kōngtiáo　　　 명　에어컨
12. 洗手间 xǐshǒujiān　　 명　화장실
13. 大　　 dà　　　　　　 형　크다
14. 小　　 xiǎo　　　　　 형　작다

15.	校园	xiàoyuán	명	캠퍼스
16.	可	kě	부	강조의 어기를 나타내는 부사
17.	真	zhēn	부	확실히. 정말
18.	风景	fēngjǐng	명	경치
19.	座	zuò	양	동. 채. 좌(건축물 등 비교적 크고 든든한 것이나 고정된 물체를 세는 데에 쓰임)
20.	白色	báisè	명	흰색
21.	建筑	jiànzhù	명	건물
22.	南边	nánbian	명	남쪽
23.	教学楼	jiàoxuélóu	명	강의동
24.	东边	dōngbian	명	동쪽
25.	运动场	yùndòngchǎng	명	운동장
26.	一直	yìzhí	부	쭉. 곧바로
27.	往	wǎng	개	~쪽으로, ~를(을) 향하여
28.	前	qián	명	앞
29.	十字路口	shízì lùkǒu		네거리
30.	左	zuǒ	명	왼쪽
31.	拐	guǎi	동	방향을 꺾다(바꾸다)
32.	后边	hòubian	명	뒤. 뒤쪽
33.	经常	jīngcháng	부	자주. 항상
34.	运动	yùndòng	동 명	운동. 운동하다
35.	早上	zǎoshang	명	아침
36.	跑步	pǎo bù		조깅. 달리기

课文 Kèwén 본문

1

A：你住几号楼?
　　Nǐ zhù jǐ hào lóu?

B：我住7号楼,就在
　　Wǒ zhù qī hào lóu, jiù zài
　　网球场　旁边。
　　wǎngqiúchǎng pángbiān.

A：你的房间是多少号?
　　Nǐ de fángjiān shì duōshao hào?

B：我的房间是２０１号,在二层。
　　Wǒ de fángjiān shì èr líng yāo hào, zài èr céng.

A：宿舍条件怎么样?
　　Sùshè tiáojiàn zěnmeyàng?

B：条件不错。室内有电话、电视、空调和洗手间。
　　Tiáojiàn búcuò. Shì nèi yǒu diànhuà、diànshì、kōngtiáo hé xǐshǒujiān.

A：房间大不大?
　　Fángjiān dà bu dà?

B：还行。不大也不小。
　　Hái xíng. Bú dà yě bù xiǎo.

2

A：你们学校的校园可真大!
　　Nǐmen xuéxiào de xiàoyuán kě zhēn dà!

B：风景也不错吧。你看,这座白色的建筑是
　　Fēngjǐng yě búcuò ba. Nǐ kàn, zhè zuò báisè de jiànzhù shì

图书馆，图书馆 的 南边 是 教学楼， 东边 是
túshūguǎn, túshūguǎn de nánbian shì jiàoxuélóu, dōngbian shì
留学生 宿舍。
liúxuéshēng sùshè.

A：运动场 在 哪儿?
　　Yùndòngchǎng zài nǎr?

B：一直 往 前 走,在 十字
　　Yìzhí wǎng qián zǒu, zài shízì
　　路口 往 左 拐。就 在 学校 食堂 后边。
　　lùkǒu wǎng zuǒ guǎi. Jiù zài xuéxiào shítáng hòubian.

A：你 经常 运动 吗?
　　Nǐ jīngcháng yùndòng ma?

B：经常 运动。我 每 天 早上 都 跑 步。
　　Jīngcháng yùndòng. Wǒ měi tiān zǎoshang dōu pǎo bù.

注释　Zhùshì 설명

1 就在网球场旁边　바로 테니스장 옆에 있어요.

句中的"就"是副词,用于动词之前加强肯定,相当于韩语的"바로"。如：

여기서 "就"는 부사이며, 동사 앞에 쓰여 긍정을 강조하는 어기를 갖는다. 한국어의 "바로"에 해당한다. 예:

(1) 9号楼就在那儿。
(2) 他就是金先生。
(3) 你要的书,我就有。

2 你们学校的校园可真大！
너희 학교 캠퍼스가 정말 크다!

句中的"可"是副词,在口语中常用来表示强调语气。如：

여기서 "可"는 부사이며, 회화 중에서 강조의 어기를 갖는다. 예:

(1) 那可不行！
(2) 我可知道你是谁。
(3) 他汉语说得可不好。

句中的"真"也是副词,用来加强肯定,相当于韩语的"정말"或"확실히"。"可"和"真"连用可以进一步加强语气。如：

여기서 "真"도 부사이며, 긍정의 어기를 강하게 한다. 한국어의 "정말" 혹은 "확실히"에 해당한다. "可"와 "真"이 이어서 쓰이는 경우는 긍정의 어기를 더욱 강하게 나타낸다. 예:

(1) 我真想去。→ 我可真想去！
(2) 今天我真高兴。→ 今天我可真高兴！
(3) 你汉语说得真不错。→ 你汉语说得可真不错！

3 图书馆的南边是教学楼。 도서관 남쪽에 있는 건물이 강의동이야.

句中的"是"是动词,表示存在,其一般句式为：某处 + 是 + 某人/某物。相当于韩语的"…에 있는 사람/물건이 …이다"。如：

여기서 "是"는 동사로서 존재를 나타낸다. 이 경우에 문장 구조 방식은 다음과 같다: 장소(위치)+ 是+ 사람/사물。한국어의 "…에 있는 사람/물건이 …이다"에 해당한다. 예:

(1) 桌子旁边是床。
(2) 7号楼后边是网球场。
(3) 我左边是泰雄。

动词"有"也表示存在,但用法上跟"是"有差别。在确切知道某处存在某人或某物的情况下,应用"是"而不能用"有"。"有"只单纯说明某处存在某人或某物,其宾语是不确指的。如：

동사 "有"도 존재를 나타내지만, 쓰임새를 볼 때에 "是"와 차이점이 있다. 어떤 장소에 특정한 사람 혹은 사물이 존재한다는 것을 명확하게 알고 있는 경우에는 "是"를 써야 하며 "有"를 써서는 안된다. "有"는 단지 어떤 장소에 사람이든 사물이든 무언가가 존재함을 단순히 설명할 뿐이며, 뒤에 등장하는 목적어는 아직도 명확하게 지정된 것이 아니어야 한다.

(1) 8楼东边是9楼。(√)
　　8楼东边有9楼。(×)
　　8楼东边有一座白色的建筑。(√)
(2) 宿舍楼旁边就是我们系的网球场。(√)
　　宿舍楼旁边就有我们系的网球场。(×)
　　宿舍楼旁边就有一个网球场。(√)

4 我每天早上都跑步。
나는 매일 아침마다 달리기를 한다.
句中的"都"是副词,表示总括全部,常跟"每"关联使用。如:

여기서 "都"는 부사로서 전부를 한덩어리로 묶음을 나타낸다. "每"와 같이 쓰이는 경우가 많다. 예:

(1) 他每年都去中国。
(2) 她每天都给男朋友打电话。
(3) 他每星期六都去北京图书馆。

练习　Liànxí　연습

一 替换练习 바꾸어서 말하세요.

1. 李老师家　　　　　　　几号楼?
　 我跟姐姐　　　　　　　在一起。
　 今天晚上你们　　　哪儿?
　 最近他不　　　　　　　在家里。
　 你们都想　　　　　　　留学生宿舍吗?

2. 女生宿舍楼　　　　　　　　在那儿。
   这位　　　　　　　　　　　是华韩公司的陈先生。
   我家　　　　　　　　就　　有电脑。
   我　　　　　　　　　　　　认识很多中国朋友。
   他汉语　　　　　　　　　　说得很好。
   金小姐　　　　　　　　　　知道他的手机号码。

3. 网球场　　　　　　　　　　6楼南边。
   银行就　　　　　　　　　　学校门口。
   韩国　　　　　　　　在　　中国东边。
   手机就　　　　　　　　　　书下面。
   爸爸的手表　　　　　　　　电脑上面。

4. 留学生宿舍旁边　　　　　　网球场。
   教学楼东边　　　　　　　　一座白色的建筑。
   这座楼后边就　　　　是　　女生宿舍楼。
   我左边就　　　　　　　　　智贤。

5. 哥哥　　　　天晚上　　　　运动。
   奶奶　　　　天早上　　　　喝一杯牛奶。
   他　　　每　年　　　　都　去日本住一个月。
   我们　　　　天上午　　　　有四节汉语课。

二 选择恰当的词填空　보기에서 골라 빈칸을 채우세요.

| 空调 | 运动 | 漂亮 | 一直 | 经常 | 房间 | 对 |
| 十字路口 | 层 | 条件 | 看 | 洗手间 | 旁边 | 拐 |

1. 你的圆珠笔在电脑_____。
2. 我觉得你们学校的校园很_____。
3. 你等我一下儿,我去一下儿_____。
4. 老师,我想换宿舍_____,行吗?

5. _____ 往前走,在 _____ 往左拐。

6. 我现在住629房间,在六_____。

7. 我最近太忙了,没有时间_____。

8. A: 你们学校的图书馆_____怎么样?

   B: 还不错。有_____,书也很多。

9. 他_____来我家玩儿。

10. 我妹妹很喜欢_____电视。

11. 一直往东走,在十字路口往南_____。

三 根据回答说出问句
주어진 대답에 근거하여 그 질문을 만들어 보세요.

例 运动场在学校食堂后边。→ 运动场在哪儿?

1. 我住八层。→
2. 泰雄的房间是809号。→
3. 我在学校运动场跑步。→
4. 我们早上七点一刻吃饭。→
5. 室内有洗手间。→

四 模仿例句改写句子 보기와 같이 바꾸어 써보세요.

A 例 房间小吗? → 房间小不小?

1. 陈老师家是405号吗? →
2. 北京大学的校园漂亮吗? →
3. 你想去运动场跑步吗? →
4. 教学楼东边是图书馆吗? →
5. 中国学生宿舍的条件好吗? →
6. 床上面是你的词典吗? →

B 例　商店在那儿。→ 商店就在那儿。

1. 他哥哥在北京大学学习汉语。→
2. 这位是你们的英语老师。→
3. 那座白色的建筑是留学生宿舍楼。→
4. 楼下面是食堂。→

C 例　你们学校的校园真大！→ 你们学校的校园可真大！

1. 条件真不错！→
2. 你睡觉睡得真早！→
3. 这玫瑰真漂亮！→
4. 我今天真高兴！→

D 例　风景挺好的。→ 风景挺不错的。

1. 我弟弟学习挺好的。→
2. 你们大学的宿舍条件挺好的。→
3. 他英语说得很好。→
4. 期中考试他考得挺好的。→

E 例　他不常去奶奶家。→ 他不经常去奶奶家。

1. 朴先生常去北京买书。→
2. 星期六他常跟女朋友有约会。→
3. 最近爸爸不常在家。→
4. 他常给我打电话。→
5. 她常说她很对不起你。→

五 填写反义词或相反意思的词组
주어진 말의 반대말을 적으세요.

例　| 大 ↔ 小 |

1. 东 ↔　　　　　　　　　西边 ↔
   一直往东走 ↔
2. 南 ↔　　　　　　　　　北边 ↔
   往南拐 ↔　　　　　　　北方人 ↔
3. 前 ↔　　　　　　　　　后边 ↔
   往前看 ↔
4. 左 ↔　　　　　　　　　右边 ↔
   往左拐 ↔
5. 上 ↔　　　　　　　　　下面 ↔
6. 爸爸 ↔　　　　　　　　哥哥 ↔
   妹妹 ↔　　　　　　　　爷爷 ↔
   师兄 ↔　　　　　　　　师姐 ↔
   男孩儿 ↔　　　　　　　老师 ↔
7. 上午 ↔　　　　　　　　晚上 ↔
   昨天 ↔　　　　　　　　早饭 ↔
8. 来 ↔　　　　　　　　　有 ↔
   有空儿 ↔

六 看拼音,查找、抄写并熟记对应的生词

병음 부호에 따라 보기에서 해당하는 단어를 찾아 적고, 아울러 외워두세요.

(网吧 饭店 咖啡厅 超市 医院 电影院 市场 餐馆 书店 邮局)

例 diànyǐngyuàn 영화관 → 电影院

1. yóujú →
우체국

2. chāoshì →
슈퍼마켓

3. shìchǎng →
시장

4. wǎngbā →
PC 방

5. cānguǎnr →
식당

6. fàndiàn →
호텔

7. kāfēitīng →
커피숍

8. shūdiàn →
서점

9. yīyuàn →
병원

七 读下面的例文,然后模仿例文的形式谈谈你们学校周围的情况

보기를 읽고, 그 다음에 보기와 같이 자기가 다니는 학교 주변의 상황에 대하여 이야기해 보세요.

보기:

　　我家附近有很多餐馆儿和商店,北边还有一个很大的市场。市场东边有一家书店,叫爱知书店,我常去那儿买书。爱知书店对面是一个网吧,我有时候去那儿上网,玩儿游戏。网吧的西边有一家电影院,我一般星期六跟女朋友去那儿看电影。电影院旁边有一家很大的超市,妈妈很喜欢去这家超市买东西。

附近	fùjìn	근처	北边	běibian	북쪽
对面	duìmiàn	맞은 편	上网	shàng wǎng	인터넷에 접속하다
游戏	yóuxì	게임	西边	xībian	서쪽
东西	dōngxi	물건			

八 参考下图,跟同桌互问互答

옆 좌석 학우와 함께 보기와 같이 서로서로 질문하고 대답하세요.

A: 你前边(后边,左边,右边)是谁?
B: 我前边(后边,左边,右边)是_____。

九 假设你现在在福园电影院门口，参考下面的对话看图做问路练习

자신이 지금 바로 복원영화관 입구에 있다고 가정하고, 보기와 같이 길묻기 회화를 연습하세요.

보기 (1):

A: 对不起，请问，去<u>中国银行</u>怎么走？
B: 一直往前走，到十字路口往右拐，就在马路的左边，爱知书店的对面。

보기 (2):

A: 对不起，请问，去<u>天天超市</u>怎么走？
B: 一直往前走，过十字路口，就在马路的右边，朝京饭店的东边。

到　dào　도착하다　　走　zǒu　걷다. 가다
马路　mǎlù　큰길. 차도　　过　guò　건너다

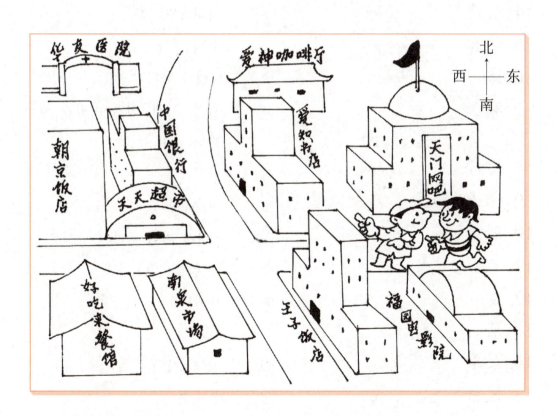

第十四课　你请客
Nǐ qǐng kè
네가 한턱 내어봐

生词　Shēngcí 새 단어

1.	听说	tīngshuō	동	들은 바로는 (~이라 한다)
2.	得	dé	동	얻다. 획득하다
3.	奖学金	jiǎngxuéjīn	명	장학금
4.	恭喜	gōngxǐ	동	축하하다
5.	请客	qǐng kè		한턱 내다
6.	得	děi	조동	~해야 한다
7.	家	jiā	양	가정, 가게, 기업 따위를 세는 단위
8.	餐厅	cāntīng	명	식당
9.	味道	wèidao	명	맛
10.	别	bié	부	~하지 마라. ~하지 마세요
11.	点	diǎn	동	(요리를) 주문하다
12.	贵	guì	형	비싸다
13.	菜	cài	명	요리
14.	菜单	càidān	명	메뉴. 식단
15.	饮料	yǐnliào	명	음료수

16.	壶	hú	명	주전자
17.	比较	bǐjiào	부	비교적으로
18.	油腻	yóunì	형	기름기가 많다
19.	有点儿	yǒudiǎnr	부	조금. 약간
20.	辣	là	형	맵다
21.	能	néng	조동	~할 수 있다
22.	烤鸭	kǎoyā	명	오리구이(요리이름)
23.	好吃	hǎochī	형	맛있다
24.	只	zhī	양	마리(짐승 등을 세는 단위)
25.	碗	wǎn	명 양	그릇. 공기
26.	别的	biéde	대	다른 것
27.	省	shěng	동	아끼다. 절약하다
28.	稍	shāo	부	잠깐
29.	结账	jié zhàng		결산하다. 계산하다
30.	一共	yígòng	부	전부. 합쳐서
31.	零钱	língqián	명	잔돈
32.	找(钱)	zhǎo(qián)	동	(돈을) 거슬러 주다
33.	数	shǔ	동	세다. 돈을 세고 확인하다
34.	小时	xiǎoshí	명	1시간(하루의 1/24. 시간 단위)
35.	努力	nǔlì	동	노력하다. 힘쓰다

课文　Kèwén　본문

1

A：听说　你得了奖学金，恭喜　恭喜！
　　Tīngshuō nǐ déle jiǎngxuéjīn, gōngxǐ gōngxǐ!

B：谢谢。
　　Xièxie.

A：请　客！你可得　请　客啊。
　　Qǐng kè! Nǐ kě děi qǐng kè a.

B：好　吧。你　说　去　哪儿？
　　Hǎo ba. Nǐ shuō qù nǎr?

A：学校　门口　的　那　家　餐厅　味道　不错，去　那儿
　　Xuéxiào ménkǒu de nà jiā cāntīng wèidao búcuò, qù nàr
　　怎么样？
　　zěnmeyàng?

B：行。你别　点　太贵的　菜啊。
　　Xíng. Nǐ bié diǎn tài guì de cài a.

2

A：这　是菜单，你点　菜吧。
　　Zhè shì càidān, nǐ diǎn cài ba.

B：好。咱们　喝　什么　饮料？
　　Hǎo. Zánmen hē shénme yǐnliào?

A：来一壶　茶　吧。中国　菜　比较　油腻。
　　Lái yì hú chá ba. Zhōngguó cài bǐjiào yóunì.

B：这　个菜有点儿　辣，你能　吃　辣的　吗？
　　Zhè ge cài yǒudiǎnr là, nǐ néng chī là de ma?

A：还行。对了，听说 北京 烤鸭 很 好吃，咱们 来
　　Háixíng. Duìle, tīngshuō Běijīng kǎoyā hěn hǎochī, zánmen lái
　　一只 北京 烤鸭 吧。
　　yì zhī Běijīng kǎoyā ba.

B：好。小姐，来 一只 北京 烤鸭，两 碗 米饭，一壶 茶。
　　Hǎo. Xiǎojie, lái yì zhī Běijīng kǎoyā, liǎng wǎn mǐfàn, yì hú chá.

C：还 要 别的 吗？
　　Hái yào biéde ma?

A：不要了，我 得 给 我 朋友 省 钱 啊。
　　Bú yào le, wǒ děi gěi wǒ péngyou shěng qián a.

C：请 稍 等。
　　Qǐng shāo děng.

3

B：小姐，结账。
　　Xiǎojie, jié zhàng.

C：一共 六十七。有 零钱 吗？
　　Yígòng liùshíqī. Yǒu língqián ma?

B：没有。
　　Méiyǒu.

C：您 这是 一百块，找 您 三十三 块。请 数 一下儿。
　　Nín zhè shì yìbǎi kuài, zhǎo nín sānshísān kuài. Qǐng shǔ yíxiàr.

注释 Zhùshì 설명

1 听说你得了奖学金 듣는 바로는 네가 장학금을 받았다고 하더라.

"听说"是动词，可以带名词、小句作宾语，相当于韩语的"듣는 바로는 ~이라 한다"或"~라는 말을 들었다"。如：

"听说"는 동사이며, 명사 혹은 구절을 목적어로 수반할 수 있다. 한국어의 "듣는 바로는 ~이라 한다" 혹은 "~라는 말을 들었다"에 해당한다. 예:

(1) 这事你听说了吗？——我听说了。
(2) 你听说过陈学东这个人吗？——没听说过。
(3) 我听说他在美国没有朋友，非常孤单。

2　恭喜恭喜！ 축하해요!

"恭喜"是动词,重叠使用可以使语气显得更为亲切愉悦。如：

"恭喜"는 동사이며, 중복하여 쓰일 경우에는 말투가 친절하고 즐거운 느낌이 들게 한다. 예:

(1) 恭喜恭喜！听说你考得非常好！
(2) 你儿子考上了北京大学,恭喜恭喜！

3　你可得请客啊。 네가 한턱 내어야지.

句中的"得"是口语中常用的助动词,表示情理上、事实上或者意志上的需要,相当于韩语的"~해야 한다"或"필요하다"。"得"不能用来单独回答问题。如：

여기서 "得"는 회화에서 잘 쓰이는 조동사로서 정서적인, 객관적인 혹은 의지적인 필요를 나타낸다. 한국어의 "~해야 한다" 혹은 "필요하다"에 해당한다. 그러나 "得"는 질문에 대한 답으로 쓰일 때에, 뒤에 따라와야 할 말을 생략한 채 단독으로 쓰이지 못한다. 예:

(1) 都得去吗？——都得去。(√)
　　　　　　　　都得。(×)
　　　　　　　　得。(×)
(2) 你得经常运动。
(3) 买一个手机得一千块钱。
(4) 去那儿得一个小时。
(5) 下午我得上课,没有时间。

4 **来一壶茶吧。** 차 주전자 좀 갖다 주세요.

句中的"来"表示命令、请求,顾客在餐厅、咖啡厅或酒店等服务场所点菜、饮料或酒水时常用,相当于韩语的"~ 주세요"。如:

> 여기서 "来"는 명령이나 요청을 나타내며, 손님이 식당이나 커피숍, 술집 등의 서비스업 상점에서 요리, 음료수, 술 등을 주문할 때 자주 쓴다. 한국어의 "~ 주세요"에 해당한다. 예:

(1) 您来点儿什么?—— 来一杯咖啡。
(2) 小姐,来两瓶矿泉水。
(3) 来人啊!
(4) 快给我来杯水!渴死我了!

5 **这个菜有点儿辣。** 이 요리는 약간 맵다.

"有点儿"是副词,表示程度不高,多用于消极意义或贬义的动词或形容词之前。如:

> "有点儿"은 부사로서 조금이나 약간 밖에 안되는 정도를 나타낸다. 소극적인 의사 혹은 좋지 않은 평가를 포함하는 동사 및 형용사의 앞에 쓰이기가 일쑤이다. 예:

(1) 我肚子有点儿饿。(√)
　　他们有点儿累。(√)
　　面包有点儿好吃。(×)
　　你妹妹有点儿漂亮。(×)
(2) 今天他有点儿不高兴。

注意:"有点儿"跟"一点儿"的用法不同:"一点儿"常用于名词之前,不能用于动词或形容词之前;而"有点儿"用于动词或形容词之前,不能用于名词之前。如:

> 주의:"有点儿"과 "一点儿"은 그 쓰임새가 다르다."一点儿"은 항상 명사 앞에 쓰일 뿐이고 동사나 형용사 앞에 쓸 수 없다. 반면 "有点儿"은 동사나 형용사 앞에만 쓰이고 명사 앞에 쓸 수 없다. 예:

(1) 我有点儿渴。(√)
　　我一点儿渴。(×)

(2) 他一个人有点儿孤单。(√)
    他一个人一点儿孤单。(×)
(3) 我想吃一点儿米饭。(√)
    我想吃有点儿米饭。(×)
(4) 晚饭我喝了一点儿啤酒。(√)
    晚饭我喝了有点儿啤酒。(×)

6 你能吃辣的吗？너 매운 것 먹을 수 있어?

"辣的"是一个名词性结构，"辣的"后面的中心名词"菜"(辣的菜)被省略了。"形容词/动词+的"是汉语中常用的语法结构，和韩语的"~은 것"或"~한/할 것"类似。如：

"辣的"는 명사 성격을 지닌 구조이다. 왜냐하면 "辣的" 뒤에 있는 중심명사, "菜"(辣的菜)가 생략되어 있기 때문이다. "형용사/동사+的" 형태는 중국어에서 잘 쓰이는 말버릇으로서, 한국어의 "~은 것" 혹은 "~한/할 것"과 비슷하다. 예:

(1) 哥哥吃大的，我吃小的。
(2) 别买太贵的。
(3) 饿死我了，有吃的吗？
(4) 这是我昨天做的。

7 对了，听说北京烤鸭很好吃。
　 아, 참! 북경 오리구이가 아주 맛있다더군.

"对了"是插入语，用于引出说话者突然想到的问题或话题，相当于韩语的"아, 참！"或"맞다！"。如：

"对了"은 삽입구로서, 화자가 갑자기 생각해낸 질문이나 화제 쪽으로 끌어준다. 한국어의 "아, 참！" 혹은 "맞다！"에 해당한다. 예:

(1) 对了，你去过澳大利亚(Àodàlìyà 호주)吗？
(2) 对了，听说他最近交了一个女朋友。
(3) 对了，今天是泰雄的生日，他说要请客。

8 还要别的吗？또 다른 무엇을 드릴까요？
　 句中的"还"表示项目和数量的增加以及范围的扩大，相当于韩语的"또"

或"더",跟"我还没吃饭"的"还"(아직)意思不同。如:

> 여기서 "还"는 항목이나 수량이 증가하거나 범위가 넓어짐을 나타낸다. 한국어의 "또" 혹은 "더"에 해당하며, "我还没吃饭"에서의 "还"(아직)와 그 뜻이 다르다. 예:

(1) 我们还要买一台电脑。
(2) 他今年去过中国,还去过法国和意大利。
(3) 早饭吃了一个面包,还喝了一杯牛奶。

练习 Liànxí 연습

一 选择恰当的词填空 보기에서 골라 빈칸을 채우세요.

| 奖学金 | 饮料 | 省 | 油腻 | 点 | 结账 | 味道 | 数 |
| 辣 | 恭喜 | 找 | 稍等 | 餐厅 | 壶 | 零钱 | 菜单 |

1. 你看一下儿_____,看看有没有你爱吃的菜。
2. 为了(wèile ~를 위하여)_____钱,他每天都吃方便面。
3. 请_____一下儿,我去一下儿洗手间。
4. 你觉得这个菜_____怎么样?
5. A: 你得的_____是多少钱?
   B: 两千块钱。
   A: _____你啊。这么多钱,怪不得你这两天这么高兴。
6. 他很会_____菜,你让他_____吧。
7. 两个本子六块六,我给了你十块,你怎么只_____我两块四呢?
8. 我不要别的_____,你给我来一_____茶吧。
9. 我觉得中国菜比较_____,得多喝点儿茶。
10. 今天说好了我请客,当然我来_____。
11. 这是一家韩国_____,韩国菜都比较_____。
12. 没有_____没关系,我们可以给您找钱。
13. 请您_____一下儿钱,看对不对。

二 替换练习 바꾸어서 말하세요.

1. 听说
   - 她想买自行车。
   - 他英语、汉语都说得很好。
   - 这家日本餐厅的菜很贵。
   - 他常去网球场打网球。
   - 他最近学习非常努力。

2. 你说,
   - 买哪一本书?
   - 咱们去哪家餐厅?
   - 我怎么跟他说呢?
   - 给金先生送什么礼物好呢?

3. 来
   - 快
   - 您
   - 请再
   - 大哥,你要不要

   - 人啊!死人了!
   - 点儿什么饮料?
   - 一瓶矿泉水。
   - 点儿啤酒?

4. 比较
   - 这两个菜都
   - 姐姐学习
   - 这本英语词典
   - 我们学校留学生

   - 油腻。
   - 努力。
   - 贵。
   - 少。

5. 对了,
   - 他就很爱吃韩国菜。
   - 他换手机了。
   - 咱们怎么给智贤过生日?
   - 你是不是认识他?

三 模仿例句改写句子 보기와 같이 바꾸어 써보세요.

A 例 二十支玫瑰三十块,一张生日贺卡四块。
→ 一共三十四块。

第十四课 你请客

1. 一瓶牛奶三块,两个面包六块四。→
2. 两盒烟十一块,四瓶啤酒十块钱。→
3. 一只烤鸭四十九,三碗米饭四块五。→
4. 三个本子七块五,两支圆珠笔八块八毛。→

B 例 三罐儿可乐九块钱。(10 块)
　　　→ 您这是十块,找您一块钱。

1. 这本词典四十八块。(50 块)→
2. 这支圆珠笔六块五。(20 块)→
3. 这个书包八十九块。(100 块)→
4. 这个手机一千零八十。(1100 块)→

C 例 我要了一杯咖啡,……→ 还要了一个冰淇淋。

1. 午饭他吃了一包方便面,……→
2. 这位师兄去过英国,……→
3. 我去超市买了圆珠笔,……→
4. 他想洗澡,……→
5. 我要买桌子,……→
6. 我们要学汉语,……→

D 例 我不点太贵的菜。→ 你别点太贵的菜。

1. 我不吃辣的。→
2. 我不去网吧。→
3. 我不买电视。→
4. 我不喝可乐。→

E 例 韩国菜很辣。→ 韩国菜有点儿辣。

1. 今天我非常累。→
2. 昨天晚上我肚子很饿。→
3. 爸爸做的菜比较油腻。→

163

4. 这家餐厅比较贵。→

F 例 我不能吃辣的。→ 你能吃辣的吗?

1. 我不能和你一起去。→
2. 我不能告诉你。→
3. 我一个人能吃一只烤鸭。→
4. 我不能吃油腻的菜。→

G 例 这个月我只有七百块钱。→ 我得省钱。

1. 朋友没空儿和我一起去。→
2. 妈妈不在家,爸爸不会做饭。→
3. 早饭和午饭都没有吃。→
4. 她不知道你的手机号。→

四 按正确的顺序排列成句子
정확한 어순에 따라 주어진 단어들을 배열하세요.

例 不错 银行 那家 味道 的 餐厅 旁边
→ 银行旁边的那家餐厅味道不错。

1. 家 你 哪 书店 去 说
   →

2. 奖学金 了 得 听说 又 师姐
   →

3. 我 省 给 我 钱 啊 得 父母
   →

4. 一下儿 您 数 再 钱 请
   →

164

第十四课　你请客

五　选择填空并背熟下面的五个句子
보기에서 골라 문장을 완성하고 외워두세요.

辣 là 맵다　甜 tián 달다　咸 xián 짜다　酸 suān 시다　苦 kǔ 쓰다

1. làjiāo 辣椒真_____! 고추는 진짜 맵다!

2. táng 糖真_____! 사탕은 진짜 달다!

3. yán 盐真_____! 소금은 진짜 짜다!

4. cù 醋真_____! 식초는 진짜 시다!

5. yào 药真_____! 약은 진짜 쓰다!

六　用下面的菜单做一个情景会话练习：在餐馆点菜、用餐并结账
다음 메뉴를 이용하여 식당 상황을 설정하고 회화 연습하시오:
식당에서 주문하고 식사하여 계산하는 전과정을 중국어로 연출하세요.

菜　单

◇ 菜名　càimíng　(요리이름)
　糖醋肉　　　tángcùròu　　　(탕수육)　　　　16.00
　京酱肉丝　　jīngjiàngròusī　(북경식 고기채볶음)　14.00

| 麻婆豆腐 | mápódòufu | (마파두부) | 11.00 |
| 泡菜 | pàocài | (김치) | 7.00 |

◇ **主食** zhǔshí (주식)

米饭(碗)	mǐfàn	(쌀밥)	2.00
面条(碗)	miàntiáo	(국수)	5.00
炒饭(碗)	chǎofàn	(볶음밥)	7.00
饺子(两)	jiǎozi	(만두)	3.00

◇ **汤** tāng (국)

鸡蛋汤	jīdàntāng	(계란국)	5.00
三鲜汤	sānxiāntāng	(해물국)	8.00
黄酱汤	huángjiàngtāng	(된장국)	14.00

◇ **饮料** yǐnliào (음료수)

可乐(罐)	kělè	(콜라)	4.00
矿泉水(瓶)	kuàngquánshuǐ	(생수)	5.00
啤酒(罐)	píjiǔ	(맥주)	7.00
果汁(杯)	guǒzhī	(쥬스)	5.00

第十五课　我在咖啡厅打工
Wǒ zài kāfēitīng dǎgōng
나는 커피숍에서 아르바이트 해요

生词　Shēngcí　새 단어

1. 爱好	àihào	명 동	취미. 좋아하다
2. 唱	chàng	동	(노래를) 부르다
3. 歌	gē	명	노래
4. 旅行	lǚxíng	명 동	여행. 여행하다
5. 以前	yǐqián	명	이전
6. 家里人	jiālirén		가족들
7. 次	cì	양	번. 횟수
8. 游览	yóulǎn	동 명	유람하다. 유람
9. 羡慕	xiànmù	동	부러워하다
10. 出国	chū guó		출국하다. 외국에 가다
11. 今晚	jīnwǎn	명	오늘 저녁
12. 卡拉OK	kǎlā OK	명	가라오케
13. 打工	dǎ gōng		아르바이트를 하다
14. 工作	gōngzuò	동 명	일하다. 작업. 직업
15. 当	dāng	동	(직무 따위를) 담당하다. ~이 되다

16. 服务员	fúwùyuán	명	(서비스업의) 종업원.
17. 挣(钱)	zhèng(qián)	동	(돈을) 벌다
18. 辛苦	xīnkǔ	형 동 명	힘들다. 고생하다. 고생
19. 但是	dànshì	접	그러나. 그렇지만.
20. 可以	kěyǐ	조동	~할 수 있다
21. 积累	jīlěi	동 명	쌓이다. 축적(하다)
22. 社会	shèhuì	명	사회
23. 经验	jīngyàn	명	경험
24. 周	zhōu	명	주. 주일
25. 地方	dìfang	명	장소. 곳. 공간의 일부분
26. 离	lí	개	~에서부터. ~로부터 떨어져서
27. 近	jìn	형	가깝다
28. 走	zǒu	동	걷다. 떠나가다.
29. 分钟	fēnzhōng	명	분(시간 단위)
30. 到	dào	동	도착하다. ~에 이르다
31. 秘密	mìmì	명 형	비밀. 숨겨놓은
32. 故宫	Gùgōng	고유	고궁
33. 长城	Chángchéng	고유	만리장성
34. 颐和园	Yíhé Yuán	고유	이화원

课文 Kèwén 본문

1

A: 你有 什么 爱好?
　　Nǐ yǒu shénme àihào?

B：我的爱好是唱歌儿
　　Wǒ de àihào shì chàng gēr
　　和旅行。
　　hé lǚxíng.

A：你以前来过中国吗?
　　Nǐ yǐqián láiguo Zhōngguó ma?

B：来过。三年前我跟家里人来过一次北京，
　　Láiguo. sān nián qián wǒ gēn jiālirén láiguo yí cì Běijīng,
　　游览过故宫、长城和颐和园。
　　yóulǎn guo Gùgōng、Chángchéng hé Yíhé Yuán.

A：真羡慕你,我还没出过国呢。
　　Zhēn xiànmù nǐ, wǒ hái méi chūguo guó ne.

B：对了,今晚我跟几个朋友去唱卡拉OK，
　　Duì le, jīnwǎn wǒ gēn jǐ ge péngyou qù chàng kǎlā OK,
　　你去不去?
　　nǐ qù bu qù?

A：对不起,今晚我有事,我得去一家咖啡厅打工。
　　Duìbuqǐ, jīnwǎn wǒ yǒu shì, wǒ děi qù yì jiā kāfēitīng dǎ gōng.

2

B：你在咖啡厅做什么工作?
　　Nǐ zài kāfēitīng zuò shénme gōngzuò?

A：当服务员。
　　Dāng fúwùyuán.

B：打工挣钱挺辛苦吧?
　　Dǎ gōng zhèng qián tǐng xīnkǔ ba?

A：辛苦是辛苦,但是可以积累社会经验。
　　Xīnkǔ shì xīnkǔ, dànshì kěyǐ jīlěi shèhuì jīngyàn.

B：每次 工作 几个 小时？
　　Měi cì gōngzuò jǐ ge xiǎoshí?

A：每次 工作 八个 小时，每周 工作 两天。
　　Měi cì gōngzuò bā ge xiǎoshí, měi zhōu gōngzuò liǎng tiān.

B：你打工 的 地方离你家远 吗？
　　Nǐ dǎ gōng de dìfang lí nǐ jiā yuǎn ma?

A：不 远，很 近。走 十 分钟 就 到。
　　Bù yuǎn, hěn jìn. Zǒu shí fēnzhōng jiù dào.

B：一个 月 能 挣 多少 钱？
　　Yí ge yuè néng zhèng duōshao qián?

A：这 是 秘密。
　　Zhè shì mìmì.

注释 Zhùshì 설명

1 我的爱好是唱歌和旅行
　　내 취미는 노래하는 것과 여행이다.
　　汉语的动词和名词不像韩语那样有明显的形态变化，不少动词兼具名词的语法特点或语法功能。"爱好""旅行"等许多动词都可以看作同时兼作名词。如：

> 중국어의 동사와 명사는 한국어의 동사와 명사와 같은 뚜렷한 형태 변화가 없으며, 적지 않은 중국어 동사는 명사의 문법적 특징과 성능을 동시에 갖춘 경우가 많다. 위의 "爱好"，"旅行"등과 같은 많은 중국어 동사는 모두, 그 자체가 동사인 동시에 명사라고 말할 수 있다. 예：

　　(1) 我爱好音乐(yīnyuè 음악)。
　　　　做菜是我的一个爱好。
　　(2) 八月咱们去中国旅行，怎么样？
　　　　这次旅行我跟几个同学一起去。

(3) 我们学习英语和汉语。
　　他学习很好。
(4) 她打扮得很漂亮。
　　我不喜欢你的打扮。

2 一年前我跟家里人去过一次北京
　　1년 전에 나는 가족들을 따라 북경에 한 번 간 적이 있어요.
　句中的"前"指的是时间早于某时或某事,相当于韩语的"~전"。如:

> 여기서 "前"은 어떤 시점이나 사건보다 시간적으로 이름을 가리킨다. 한국어의 "~전"에 해당한다. 예:

(1) 半个小时前我见过他。
(2) 我晚上十点前回来。
(3) 一个月前他去法国了。
(4) 事前你告诉他了吗?

3 你在咖啡厅做什么工作?
　　커피숍에서 어떤 일을 합니까?
　句中的"工作"是名词,指某种业务或职业,相当于韩语的"직업""업무""일"或"작업"。如:

> 여기서 "工作"은 명사이며, 어떤 업무나 직업을 가리킨다. 한국어의 "직업", "업무", "일" 혹은 "작업"에 해당한다. 예:

(1) 你父亲做什么工作? ——我父亲是高中老师。
(2) 这个工作很累,工作量(liàng 량)太大了。

　"工作"也是一个常用的动词,指从事某种劳动,相当于韩语的"일하다"。如:

> "工作"도 자주 쓰이는 동사이며, 어떤 노동에 종사함을 가리킨다. 한국어의 "일하다"에 해당한다. 예:

(1) 他工作非常努力。
(2) 一般每天工作八个小时。

4 辛苦是辛苦,但是可以积累社会经验。
힘들기는 하지만 사회적인 경험을 쌓을 수 있어요.

句中"辛苦是辛苦"这种"A 是 A"的句式,表示让步,相当于韩语的"~하긴 하는데"。后一小句常用"但是""但""可是""就是"等呼应。如:

여기서 "辛苦是辛苦"와 같은 "A 是 A"식 형태는 양보를 나타내며, 한국어의 "~하긴 하는데"에 해당한다. 뒷절에서 "但是", "但", "可是", "就是" 등이 등장하여 호응하는 경우가 많다. 예:

(1) 想买是想买,但是太贵了。
(2) 挣钱多是多,但每天得工作十二个小时。
(3) 这个菜辣是辣,但味道很好。

"可以"和"能"是近义词,都可以表示可能,译成韩语都是"~할 수 있다"。如:

"可以"와 "能"은 그 뜻과 쓰임새가 비슷하며, 둘 다 가능성을 나타낼 수 있다. 한국어로 똑같이 "~할 수 있다"로 번역할 수 있다. 예:

(1) 这个房间可以住两个人。
　　这个房间能住两个人。
(2) 你可以吃辣的吗?
　　你能吃辣的吗?

相对而言,"能"常表示做某事的量比较大,并常受程度副词的修饰;"可以"则主要表示可能,一般不能受程度副词的修饰。如:

서로 비교하여 말하자면 "能"은 어떤 일을 잘(많이, 자주)하는 것을 나타내는 경우가 많고 정도 부사의 수식도 잘 받는 반면에, "可以"는 주로 가능을 나타낼 뿐이어서 일반적으로 정도부사의 수식을 받을 수 없다. 예:

(1) 他太能吃了,午饭就吃了四碗米饭。(√)
　　그는 너무 잘 먹어요.
　　他太可以吃了。(×)
(2) 你挺能买书的。(√)
　　너는 책을 잘 사는 편이야.
　　你挺可以买书的。(×)

回答问题时如表示许可,常用"可以"来表示肯定;如表示不许可,常用"不行"来表示否定。如：

> 질문에 대답할 때에는, 그것이 허가를 나타낼 경우에는 주로 "可以"로 긍정을 표시하며, 그것이 불허를 나타낼 경우에는 주로 "不行"으로 부정을 표시한다. 예:

(1) 你能快一点儿吗？—— 可以。(/ 不行。)
你可以快一点儿吗？—— 可以。(/ 不行。)
(2) 我能不能给他打个电话？—— 可以。(/ 不行。)
我可以不可以给他打个电话？—— 可以。(/ 不行。)

5 你打工的地方离你家远吗？ 네가 아르바이트 하는 곳이 너의 집으로부터 머니？

句中的"离"是动词，表示距离或相距，相当于韩语的"~까지""~에서부터"或"~에서 ~까지"。如：

> 여기서 "离"는 동사이며, 어떤 지점으로부터 떨어짐을 나타낸다. 한국어의 "~까지", "~에서부터" 혹은 "~에서 ~까지"에 해당한다. 예:

(1) 离学校很近。
(2) 离这儿远吗？—— 离这儿不远。
(3) 韩国离日本很近。

6 走十分钟就到。 걸어서 십 분 걸려요.

句中的"就"是副词，表示很短时间以内即将发生，相当于韩语的"곧""즉시"。如：

> 여기서 "就"는 부사이며, 짧은 시간 내에 곧 발생할 것임을 나타낸다. 한국어의 "곧"이나 "즉시"에 해당한다. 예:

(1) 我就去。
(2) 再走两分钟就到。
(3) 他九点就回来，你等一下儿。

练习 Liànxí 연습

一 选择恰当的词填空 보기에서 골라 빈칸을 채우세요.

| 积累 | 秘密 | 卡拉OK | 地方 | 社会 | 挣 | 到 | 能 |
| 周 | 服务员 | 当 | 游览 | 羡慕 | 出国 | 经验 | 可以 |

1. 听说他一个月就_____了十万块钱。
2. 李先生在这家银行已经工作十年了,当然很有_____。
3. 这个_____谁也不知道。
4. 他工作的_____离家很远。
5. 你真_____睡,现在十点,你已经睡了十个小时!
6. 在公司打工让他_____了不少经验。
7. 我朋友汉语和英语都说得很好,我很_____他。
8. 昨天我跟家里人一起_____了长城。
9. 他唱_____的地方就在那家餐厅旁边。
10. 我哥哥在网吧打工,一_____工作三天。
11. _____上的事你知道得太少了。
12. 当_____很辛苦,挣钱也少。
13. 你得告诉我,他几点_____北京?
14. 你可以_____我的汉语老师,我_____当你的韩国语老师。
15. 我弟弟很想_____留学。

二 替换练习 바꾸어서 말하세요.

1. 我去过一　　　　　香港。
   你去过几　　　　　美国?
   他来过一　　次　　我家。
   我给他打了几　　　电话,他都不在。
   我听过一　　　　　金老师的课。

2. 两年
   一个月
   半个小时　　　前
   出国
   睡觉

   我游览过故宫和颐和园。
   我跟他见过面。
   他在图书馆。
   他在一家商店打工。
   我想洗个澡。

3. 别
   我挺
   我一点儿也不　　羡慕
   他们
   朋友们都很

   我，你也行。
   你的工作。
   他。
   我会说英语和日语。
   我有这么漂亮的女朋友。

4. 　　　　年回两次家。
   　　　　次都买很多吃的。
   每　　　天都去学校运动。
   　　　　个晚上都在图书馆学习。
   　　　　人一本,一共二十本。

三 根据实际情况回答问题　주어진 질문에 대답하세요.

1. 你有什么爱好？→
2. 你去中国旅行过吗？→
3. 你出过几次国？→
4. 你唱歌唱得怎么样？→
5. 你会唱中国歌吗？→
6. 你常跟朋友一起去唱卡拉OK吗？→
7. 你家离学校远不远？→
8. 你有没有打工的经验？做过什么工作？→
9. 在韩国什么工作挣钱比较多？→
10. 一般人每天工作几个小时？→

四 模仿例句改写句子 보기와 같이 바꾸어 써보세요.

A 例 我跟家里人去北京。(1) → 我跟家里人去过一次北京。

1. 我吃北京烤鸭。(2)→
2. 我给陈老师打电话。(1)→
3. 我在长城饭店跟他见面。(1)→
4. 我去这家网吧。(3)→

B 例 明天我们去游览颐和园,你去不去？
→ 对不起,明天我有事,我得去医院看爷爷。

1. 星期二晚上我们给智爱过生日,你能来吗？→
2. 今天晚上泰雄请客吃饭,你去不去？→
3. 明天下午我们去北京大学,你也一起去吧。→
4. 后天没有课,咱们一起看电影吧。→

C 例 辛苦是辛苦,…… → 但是可以积累社会经验。

1. 这个菜苦是苦,…… →
2. 电脑贵是贵,…… →
3. 我们累是累,…… →
4. 这花漂亮是漂亮,…… →
5. 我想去是想去,…… →

D 例 一个月可以挣多少钱？→ 一个月能挣多少钱？

1. 一个月可以休息几天？→
2. 我可以见他一面吗？→
3. 您可以再说一遍吗？→
4. 你可以告诉我这个秘密吗？→
5. 我现在可以回家吗？→

五　选择填空并回答问题　보기에서 골라 적고, 질문에 답하세요.

你想做什么工作？

我想当 _____

| 公务员 | 工人 | 公司职员 | 老板 | 医生 |
| 歌星 | 农民 | 翻译 | 导游 | 警察 |

1.
(dǎoyóu 관광 가이드)

2.
(fānyì 통역사)

3.
(gōngsī zhíyuán 회사원)

4.
(lǎobǎn 사장)

5.
(yīshēng 의사)

6.
(gēxīng 인기가수)

7.

(gōngwùyuán 공무원)

8.

(jǐngchá 경찰)

9.

(gōngrén 노동자)

10.

(nóngmín 농민)

你喜欢什么工作?
不喜欢什么工作?
为什么?

为什么 wèi shénme 왜. 무엇 때문에

综合练习
종합 연습

一 给括号前面的字标注正确的读音
　　괄호 앞에 있는 한자의 발음을 정확하게 표기하세요.

例　一(yí)共一(yì)百零一(yī)块
　　我们一(yì)起读一(yí)遍课文。
　　我买了一(yì)支玫瑰。

1. 我一(　　)般一(　　)次只喝一(　　)杯啤酒。
   我已(　　)经吃了晚饭,现在想休息一(　　)下儿。
   一(　　)直往前走就是一(　　)家很大的医(　　)院。

2. 这个秘密我不(　　)告诉别人,您放心。
   那个地方不(　　)远也不(　　)近。
   宿舍的房间不(　　)大也不(　　)小(　　)。
   我们班上法国留学生比较少(　　)。

3. 你唱得(　　)真不错。
   你这么高兴,是不是得(　　)了奖学金?
   见面前我得(　　)打扮一下儿。
   这是他的(　　)秘密,我怎么知道?

4. 这个日本人会说汉(　　)语,也会说韩(　　)国语。

5. 你告诉我他的手机号(　　),好(　　)吗?

6. 我很渴(　　),我想喝(　　)杯水。

7. 我交(　　)了一位中国朋友,他叫(　　)陈歌。
   教(　　)学楼就在食堂东边。

8. 我姐( )姐给我介( )绍了一个男朋友。
   小姐,结( )账!一共多少钱?
   星期四下午你有几节( )课?

9. 九( )点我就( )去,你等我一下儿。

10. 一共有六( )个留( )学生上课( ),三点一刻( )上课,
    五点一刻下课。他们都很可( )爱,常问老师:"您渴( )不渴?我
    们给您买矿泉水。"

11. 我妹( )妹每天都买玫( )瑰。
    没( )关系,可以在银行换美( )元。

12. 我们只( )吃了半只( )烤鸭。

二 选择恰当的量词填空 보기에서 골라 해당 양사를 기입하세요.

```
本   毛   座   瓶   支   家   碗   块
罐   分   杯   次   只   包   个
```

1. 一___公司 一___超市 一___银行 一___咖啡厅
   一___电影院

2. 一___圆珠笔 二十___玫瑰 两___歌 一___烤鸭

3. 打了三___电话 去过两___美国 来玩儿过一___
   一共考了两___

4. 四___房间 两___洗手间 一___网球场 一___运动场
   两___图书馆 一___建筑 两___教学楼

5. 三___米饭 两___啤酒 三___咖啡 五___矿泉水
   四___可乐

6. 二十___钱 八___钱 五___钱

7. 一___方便面 两___面包 三___冰淇淋 四___书
   五___词典

三　改病句　다음은 모두 잘못된 문장이다. 바르게 고치세요.

例　我们一起食堂去吃饭。→ 我们一起去食堂吃饭。

1. 你看,照片上我旁边有陈英。→
2. 你给我礼物买了吗？→
3. 你什么时候过生日吗？→
4. 你最近过怎么样？→
5. 我在一家饭店做打工。→
6. 我给你帮介绍一个女朋友。→
7. 你说汉语得很好。→
8. 我学习汉语在北京大学。→
9. 你的手机号是几号？→
10. 请再一遍说。→
11. 我想明天见面他。→
12. 累是累,我但是很高兴。→
13. 我跟家族们一起去旅行。→
14. 晚上回来一点儿早啊。→

部分练习参考答案

일부연습문제풀이

第二课

p13　三　A 1. pí　　2. tǔ　　3. fā　　4. mǔ　　5. hěn
　　　　　　6. bōli　7. tèdì　8. nǔlì　9. kèkǔ　10. gāngà
　　　　B 1. běi　2. tǎ　　3. me　　4. fó　　5. lǜ
　　　　　　6. Mǐlú　7. èbà　8. érnǚ　9. géhé　10. dàkū

p14　一　1. fū　　2. là　　3. mó　　4. tè　　5. dǎo
　　　　　6. pái　　7. sōng　8. běi　9. duō　10. fàng
　　　　　11. miào　12. hěn　13. cài　14. jiě　15. rēng
　　　　　16. zhuàng
　　　二　1. pī　　2. bìng　3. mí　　4. zhǐ　5. dìng
　　　　　6. tíng　7. lǐ　　8. nín　　9. xīn
　　　三　1. diū　　2. tuì　　3. miù　　4. qiú　　5. guǐ
　　　　　6. cuī　　7. jiù　　8. huǐ　　9. niú
　　　四　1. Jīn Jiǔ　2. Piáo Zhèngxī　3. Ān Zhònggēn　4. Kǒngzǐ
　　　　　5. Zhū Xī　6. Nápòlún　7. Línkěn

第三课

p23　二　1. A: 叫什么名字　　　2. A: 吗　　　B: 不,不是,是中国人
　　　　　3. A: 好　B: 您好　　4. A: 对不起　　B: 没关系
　　　三　A 1. 同学们好吗？　　　2. 老师好吗？
　　　　　　3. 智贤,你好吗？　　4. 李老师是中国人吗？
　　　　　　5. 你叫金智爱吗？
　　　　B 1. 不,我们不是韩国人。　2. 不,金老师不是中国人。
　　　　　　3. 不,我不叫李智贤。　4. 不,我不爱你。
　　　　C 1. 对,我是韩国人。　　2. 对,我是李老师。
　　　　　　3. 对,我爱智贤。　　4. 对,我叫金智贤。

p29　练习　1. bù'ān　2. gāo'áng　3. zuò'ǒu　4. bái'é
　　　　　5. xiōng'è　6. jī'áng　7. bēi'āi　8. Xī'ōu

p30	练习	1. yì	2. yān	3. yǒu	4. yè	5. yáng
		6. yīng	7. yìn	8. yá	9. yǒng	10. yàng
p31	练习	1. wàn	2. wēi	3. wǎng	4. wèn	5. wá
		6. wēng	7. wài	8. wú		
p32	练习	A 1. yǔ	2. yún	3. yuè	4. yuān	
		5. yú	6. yuē	7. yuán	8. yǔn	
		B 1. xú	2. qǔ	3. juè	4. xuān	
		5. qún	6. jué	7. juān	8. xún	

第四课

p38　三　A 1. 你们是韩国人。　2. 我们吃米饭。　3. 他们肚子很饿。
　　　　　　 4. 她们喝咖啡。　　5. 老师们好吗？　6. 同学们想喝啤酒。
　　　　　B 1. 你吃什么？　　　2. 金老师喝什么？　3. 她叫什么名字？
　　　　　　 4. 他们吃什么？
　　　　　C 1. 我肚子很饿。　　2. 她很好。　　　　3. 我们很渴。
　　　　　　 4. 我很想喝水。　　5. 我很想吃面包。
　　　　　D 1. 我很渴。　　　　2. 我们吃米饭。　　3. 我是韩国人。
　　　　　　 4. 金老师喝矿泉水。5. 我们吃方便面。
　　　　　E 1. 她想吃冰淇淋。　2. 我想喝茶。　　　3. 你想喝什么？
　　　　　　 4. 你们想吃什么？　5. 他们想吃方便面。

第五课

p49　一　1. 两块一(毛)　　　2. 五块八(毛)　　　3. 十三块二(毛)
　　　　 4. 六块七毛九(分)　5. 一百零二块　　　6. 十二块一毛二(分)
　　　　 7. 三百五十美元　　8. 四百二十美元　　9. 八百九十四美元
　　　　 10. 一百零九美元
　　　二　1. 杯　2. 个　3. 瓶　4. 盒　5. 罐
　　　　 6. 包　7. 个　8. 杯　9. 个　10. 个
　　　三　A 1. 我们要换美元。　2. 我要吃米饭。　　3. 她要吃冰淇淋。
　　　　　　 4. 他们要换韩币。　5. 智贤要去中国。　6. 我要买两盒烟。
　　　　　B 1. 我要一杯茶。　　2. 我们要十瓶啤酒。3. 我要一杯咖啡。
　　　　　　 4. 他们要九百五十美元。　　5. 我们要二十包方便面。
　　　　　C 1. 一罐可乐多少钱？——两块五。2. 一个面包多少钱？——一块七。
　　　　　　 3. 一盒牛奶多少钱？——四块六。4. 一盒烟多少钱？——四块四。
　　　　　　 5. 一个冰淇淋多少钱？——三块六。
　　　　　D 1. 金老师也喝茶。　2. 一个面包也是两块二。　3. 我也不想去。
　　　　　　 4. 我也要一杯咖啡。5. 我们也去中国。

183

E 1. 她买矿泉水。　　　　2. 他买烟。　　　　3. 我们买啤酒。
　　　　　　 4. 金老师买中国茶。

　　四　1. 喝，喝　　2. 多少，块　　3. 肚子　　4. 美元
　　　　5. 银行　　　6. 也　　　　　7. 冰淇淋

第六课

p60　一　1. 现在三点十二分。　　　　2. 我七点一刻吃早饭。
　　　　3. 我十一点五十五分吃午饭。　4. 我六点零五分吃晚饭。
　　　　5. 他差十分七点去图书馆。　　6. 他们七点半去学校。
　　　　7. 我十二点三刻去食堂吃饭。　8. 我们两点半去银行。

　　二　A 1. 你们去学校了吗？　2. 你吃面包了吗？　3. 他去学校了吗？
　　　　　 4. 他买矿泉水了吗？　5. 你们换钱了吗？
　　　　B 1. 没要。　　2. 要了。　　3. 没买。
　　　　　 4. 去了。　　5. 没换。　　6. 吃了。
　　　　C 1. 我吃了两个面包。　　　2. 他要了七百五十块。
　　　　　 3. 我们买了二十瓶啤酒。　4. 我买三罐可乐。
　　　　　 5. 我去了四个学校。　　　6. 他吃了两包方便面。
　　　　　 7. 金老师喝了三杯茶。　　8. 他买了一盒烟。
　　　　D 1. 咱们一起吃晚饭，好吗？　2. 咱们一起去银行换钱，好吗？
　　　　　 3. 咱们一起去食堂吃饭，好吗？4. 咱们一起去商店买面包，好吗？
　　　　　 5. 咱们一起去图书馆学习，好吗？

　　三　1. 死　　　　2. 去　　　　3. 半，刻，图书馆　4. 还，很
　　　　5. 现在，一起　6. 罐，包，烟　7. 渴，块

p65　四　A 1. pífá　　　2. Táiwān　　　3. kèběn　　　4. duǒcáng
　　　　　　 5. zhīchí　　6. jiùhuǒ　　　7. nìngkěn　　8. fēixíng
　　　　　　 9. qiǎozuǐ　10. zūnzhòng　11. xiánjìng　12. yuèlì
　　　　　　13. péiyǎng　14. sūnzi
　　　　B 1. sècǎi　　　2. bàquán　　　3. shítáng　　4. jiànkāng
　　　　　 5. shēntǐ　　6. jūnrén　　　7. cìpǐn　　　8. lánqiú
　　　　　 9. kuàngquánshuǐ　　10. zūjīn　　11. shèhuì
　　　　　12. Fójiào　　13. xùrì　　　14. zhuōzi

第七课

p74　二　A 1. 这是你哥哥的钱。　2. 他有水。　　　　3. 她是我妹妹。
　　　　　　 4. 我想喝咖啡。　　　5. 他和智爱一起去。6. 我现在和奶奶在一起。
　　　　B 1. 我和他在学校。　　2. 智贤现在在商店。　3. 我们在中国银行换钱。
　　　　　 4. 你们在智贤家吃晚饭。

C 1. 我只有一个弟弟。 2. 他只有两百块钱。 3. 他只吃米饭。
4. 他们只吃了早饭。

D 1. 那你在家是老大。 2. 那他在家是老小。 3. 那你喝可乐。
4. 那你吃米饭。 5. 那她在哪儿？ 6. 那你想和谁在一起？

E 1. 你是不是韩国人？ 2. 他在不在学校？ 3. 你喝不喝牛奶？
4. 你买不买矿泉水？ 5. 你想不想吃冰淇淋？
6. 你有没有兄弟姐妹？
7. 他吃没吃午饭？（他有没有吃午饭？）
8. 你们有没有买方便面？（你们买没买方便面？）
9. 你们有没有去图书馆学习？（你们去没去图书馆学习？）

三　1. 口　　　2. 全家福,爷爷,爸爸,妹妹　3. 孤单　　4. 什么,下面
5. 在,在　　6. 和　　　　　　　　7. 老大,老小　8. 谁

第八课

p84　二　1. 智贤什么时候过生日？　2. 明天几月几号？　3. 今天星期几？
4. 哥哥什么时候去韩国？　5. 九月三号是星期几？　6. 你今年多大？
7. 他哪一年出生？　　　　8. 你在哪儿过生日？
9. 一九九五年你多大？　　10. 你给他买了什么？
11. 星期天是谁的生日？　　12. 你奶奶今年多大年纪？
13. 你弟弟今年几岁？

三　A 1. 后天星期天。　　　　　　2. 星期天是九号。
3. 我妹妹的生日是四月二十六号。　4. 我二十三号去中国。
5. 我八七年出生。　　　　　　6. 爷爷的生日是星期六。

B 1. 我哥哥二十六(岁)。　　　2. 我妈妈今年五十二(岁)。
3. 我弟弟五岁了。　　　　　4. 我今年十八(岁)。
5. 我姐姐今年二十四(岁)。

C 1. 我弟弟明天过生日。　　　2. 我们昨天去学校了。
3. 我和智爱八月二号去中国。　4. 我明天去商店。

四　1. 我给你买了一瓶啤酒。　　2. 他给我买了一支玫瑰。
3. 爸爸给我两千块钱。　　　4. 他给你买了什么？
5. 你给智爱买了什么礼物？

五　1. 花　　　2. 礼物　　　3. 词典　　　4. 生日,玫瑰
5. 啤酒　　6. 冰淇淋　　7. 学习

第九课

p94　一　1. 得,的　2. 每,节,了　3. 吗,两　4. 晚上
5. 一般　6. 怎么样,行　7. 马马虎虎　8. 有,还

9. 挺   10. 上   11. 久,怎么样

三 1. 你有女朋友吗?   2. 晚上你一般做什么?
  3. 你过得怎么样?   4. 最近奶奶身体怎么样?
  5. 她在哪儿休息?   6. 你们学校的食堂怎么样?
  7. 李老师星期三上午有几节课? 8. 我帮你介绍一个女朋友,怎么样?
  9. 最近你学习忙吗?

四 A 1. 你妹妹学习怎么样?   2. 你父母身体怎么样?
   3. 你们大学怎么样?   4. 你们学校的宿舍怎么样?
   5. 他女朋友怎么样?

  B 1. 爷爷身体挺好的。   2. 我们挺渴的。
   3. 他挺喜欢喝啤酒的。   4. 我挺想去中国的。

  C 1. 我现在不太累。   2. 星期一课太多了!
   3. 钱不太多。   4. 他不太喜欢喝茶。
   5. 弟弟太想上大学了!   6. 他朋友不太多。

  D 1. 弟弟一般在家学习。   2. 他们一般十八岁上大学。
   3. 我一般十二点去食堂吃饭。 4. 韩国人一般早饭吃米饭。

  E 1. 你有男朋友吧?   2. 星期四上午没课吧?
   3. 你们肚子饿了吧?   4. 你已经吃了吧?

  F 1. 我女朋友已经去中国了。   2. 我们已经吃晚饭了。
   3. 我已经看了这本书。   4. 我已经给他钱了。
   5. 他已经买了矿泉水和牛奶。

  G 1. 我有时候在图书馆学习,有时候在宿舍学习。
   2. 早饭我有时候吃面包,有时候吃方便面。
   3. 我们家有时候妈妈做饭,有时候姐姐做饭。
   4. 有时候在学校食堂吃饭,有时候在宿舍做饭。

五 1. 支 2. 个,瓶 3. 支,个 4. 本,本,本 5. 杯

第十课

p109 二 1. 她是哪国人?   2. 你知道他的手机号吗?
    3. 你们商店的电话号码是多少? 4. 她认识你哥哥吗?
    5. 你们班上有几个法国人? 6. 你又喝了几杯啤酒?
    7. 那个中国朋友的手机号是多少? 8. 他说了几遍?
    9. 他汉语说得怎么样?   10. 妈妈又给了你多少钱?

   三 A 1. 他是法国人。   2. 李智贤和金智爱去中国了。
     3. 我喜欢《我是你爸爸》。 4. 你要这个号码。
     5. 他在北京图书馆学习。

    B 1. 你知道得不多。   2. 他们买得不少。

        3.他给得不少。   4.他说得不对。
     C 1.他在不在家？   2.你们现在累不累？
        3.你知道不知道他的名字？ 4.你的手机号是不是010-54683521？
     D 1.她很爱喝可乐。   2.你爱喝啤酒吗？
        3.我奶奶不爱吃米饭。   4.这个德国人非常爱看书。
     E 1.那儿韩国学生非常多。   2.他送我的玫瑰我非常喜欢。
        3.这个星期课非常少。   4.他非常想交一个女朋友。
     F 1.你知道她只有多少钱吗？ 2.你知道她喝了几瓶啤酒吗？
        3.你知道他有几个姐姐吗？ 4.你知道他送给她多少支玫瑰吗？
        5.你知道她是谁吗？   6.你知道他们一个星期只有几节课吗？
     G 1.她常吃方便面。   2.他们常一起去图书馆学习。
        3.晚上他常在宿舍学习。   4.她常和父母一起去中国。
     H 1.又买了两本书。   2.又换了500美元。
        3.我又吃了一包方便面。   4.爷爷又给你买了一本词典。

四   1.介绍   2.上   3.怪不得   4.多   5.请
    6.遍   7.再   8.留学生   9.知道,号码 10.远
   11.认识 12.这么 13.说   14.怪不得   15.又

五   1.韩国语 2.英语   3.日语   4.法语   5.德语

第十一课

p123 一   1.朝鲜族 2.先生,跟,一下儿 3.都,南方
         4.怎么   5.问   6.觉得
         7.可爱   8.位,那   9.来

     四   1.你女朋友是哪儿的人？ 2.你想认识他吗？
        3.你爷爷在哪儿出生？   4.她会几门外语？
        5.你父母是南方人吗？   6.他们是你的高中同学吗？

     五 A 1.我来帮你。   2.我来买啤酒和面包。
           3.我来介绍一下儿我们公司。 4.我来说一下儿这个问题。
       B 1.他的身体有一点儿问题。   2.弟弟只喝了一点儿牛奶。
           3.这位师姐会一点儿德语。   4.哥哥想喝一点儿啤酒。
       C 1.怎么,你一点儿钱也没有？ 2.怎么,你每天吃方便面？
           3.怎么,他想认识这个女孩儿？ 4.怎么,我妹妹不想上大学？
       D 1.这个汉字怎么读？   2.你的汉语名字怎么写？
           3.你知道怎么做吗？   4.你怎么也认识他？
           5.弟弟怎么没去图书馆学习？
       E 1.你想吃什么啊？   2.你怎么这么高兴啊？
           3.你在家是老几啊？   4.你家有几口人啊？

5. 你们想去哪儿玩儿啊？

第十二课

p133 一 1. 约会,漂亮 2. 过 3. 早 4. 还行,问
5. 安全 6. 见面,等 7. 注意 8. 空儿,考试
9. 让 10. 过去

三 1. 这是哪国电影？ 2. 这是谁的自行车？
3. 你跟谁有约会？ 4. 我们在哪儿见面？
5. 咱们几点见面？ 6. 你看过英国电影吗？
7. 谁送你回家？ 8. 你星期几有空儿？
9. 你们几月几号考试？

四 A 1. 我注意过他的自行车。 2. 我没吃过中国的方便面。
3. 我给过他钱。 4. 我没有给他介绍过女朋友。
5. 我跟他见过面。 6. 我没给他打过电话。
7. 我喝过德国啤酒。 8. 昨天他没有回来过。
B 1. 让智贤去中国留学吧。 2. 让他洗澡吧。
3. 让他在这儿睡觉吧。 4. 让他跟我们一起去北京吧。
5. 让他休息两天吧。
C 1. 今天早点儿睡觉吧。
2. 你是一个女孩儿,晚上早点儿回来。
3. 我想买个漂亮点儿的手机。 4. 你快点儿告诉他吧。
5. 早上我喝了点儿牛奶。 6. 你快点儿做完作业吧。
D 1. 下午没空儿,晚上有空儿。 2. 他常说他没空儿。
3. 星期六下午和晚上都有空儿。 4. 他们都没有空儿。
E 1. 他告诉我他姐姐很漂亮。 2. 泰雄告诉我他昨晚没有睡觉。
3. 金小姐告诉我她今晚有约会。 4. 陈先生告诉我他去过法国。
5. 他告诉我这个朋友很神秘。

五 1. 让他和我们一起去吧。 2. 他们常去那儿看电影。
3. 他每天晚上给我打电话。 4. 两点我在学校食堂门口儿等你。
5. 现在我还不想告诉你我的电话号码。

六 1. 手表 2. 电视 3. 电脑 4. 书包 5. 圆珠笔
6. 本子 7. 桌子 8. 椅子 9. 床

七 影 午 最 常 漂 诉 得

第十三课

p147 二 1. 旁边 2. 漂亮 3. 洗手间 4. 房间
5. 一直 十字路口 6. 层 7. 运动 8. 条件,空调

| | 9. 经常 | | 10. 看 | 11. 对 | 12. 拐 |

三　1. 你住几层？　　　　　2. 泰雄的房间号码是多少？
　　3. 你在哪儿跑步？　　　4. 你们早上几点吃饭？
　　5. 室内有洗手间吗？

四　A 1. 陈老师家是不是405号？　　2. 北京大学的校园漂亮不漂亮？
　　　3. 你想不想去运动场跑步？　　4. 教学楼东边是不是图书馆？
　　　5. 中国学生宿舍的条件好不好？　6. 床上面是不是你的词典？
　　B 1. 他哥哥就在北京大学学习汉语。
　　　2. 这位就是你们的英语老师。
　　　3. 那座白色的建筑就是留学生宿舍楼。
　　　4. 楼下面就是食堂。
　　C 1. 条件可真不错！　　　　2. 你睡觉睡得可真早！
　　　3. 这玫瑰可真漂亮！　　　4. 我今天可真高兴！
　　D 1. 我弟弟学习挺不错的。　2. 你们大学的宿舍条件挺不错的。
　　　3. 他英语说得很不错。　　4. 期中考试他考得挺不错的。
　　E 1. 朴先生经常去北京买书。　2. 星期六他经常跟女朋友有约会。
　　　3. 最近爸爸不经常在家。　　4. 他经常给我打电话。
　　　5. 她经常说她很对不起你。

五　1. 西　东边　一直往西走　　2. 北　南边　往北拐　南方人
　　3. 后　前边　往后看　　　　4. 右　左边　往右拐
　　5. 下　上面　　　　　　　　6. 对不起　再见
　　7. 妈妈　弟弟　姐姐　奶奶　师弟　师妹　女孩儿　学生
　　8. 下午　早上　明天　晚饭　　9. 去　没有　没空儿

六　1. 邮局　2. 超市　3. 市场　4. 网吧　5. 餐馆儿
　　6. 饭店　7. 咖啡厅　8. 书店　9. 医院

第十四课

p161　一　1. 菜单　　　2. 省　　3. 稍等　　4. 味道　　5. 奖学金,恭喜
　　　　　6. 点,点　　7. 找　　8. 饮料,壶　9. 油腻　　10. 结账
　　　　　11. 餐厅,辣　12. 零钱　13. 数

三　A 1. 一共九块四。　　　　2. 一共二十一块。
　　　3. 一共五十三块五。　　4. 一共十六块三。
　　B 1. 您这是五十块,找您两块。
　　　2. 您这是二十块,找您十三块五。
　　　3. 您这是一百块,找您十一块。
　　　4. 您这是一千一百块,找您二十块。
　　C 1. 还吃了一碗米饭。　　2. 还去过法国。

3. 还买了两个本子。　　　　4. 还想睡觉。
　　　　　5. 还要买床。　　　　　　　6. 还要学英语。
　　　D 1. 你别吃辣的。　　　　　　　2. 你别去网吧。
　　　　　3. 你别买电视。　　　　　　4. 你别喝可乐。
　　　E 1. 今天我有点儿累。　　　　　2. 昨天晚上我肚子有点儿饿。
　　　　　3. 爸爸做的菜有点儿油腻。　4. 这家餐厅有点儿贵。
　　　F 1. 你能和我一起去吗？　　　　2. 你能告诉我吗？
　　　　　3. 你一个人能吃一只烤鸭吗？4. 你能吃油腻的菜吗？
　　　G 1. 我得一个人去。　　　　　　2. 我得给爸爸做饭。
　　　　　3. 晚饭我得多吃点儿。　　　4. 我得告诉她你的手机号。
　　四　1. 你说去哪家书店？　　　　　2. 听说师姐又得了奖学金。
　　　　3. 我得给我父母省钱啊。　　　4. 请您再数一下儿钱。
　　五　1. 辣　2. 甜　3. 咸　4. 酸　5. 苦

第十五课

p174　一　1. 挣　　　2. 经验　　　3. 秘密　　　4. 地方　　　5. 能
　　　　　6. 积累　　7. 羡慕　　　8. 游览　　　9. 卡拉OK　10. 周
　　　　　11. 社会　12. 服务员　13. 到　14. 当，可以　15. 出国
　　四　A 1. 我吃过两次北京烤鸭。　　2. 我给陈老师打过一次电话。
　　　　　3. 我在长城饭店跟他见过一次面。　4. 我去过三次这家网吧。
　　　B 1. 对不起，星期二晚上我有事，我得在家。
　　　　　2. 对不起，今天晚上我有事，我得见一位朋友。
　　　　　3. 对不起，明天下午我有事，我得去打工。
　　　　　4. 对不起，后天我有事，我得去见一位中国朋友。
　　　C 1. 但是对身体很好。　　　　　2. 但是我要买。
　　　　　3. 但是很高兴。　　　　　　4. 但是太贵了。
　　　　　5. 但是没有时间。
　　　E 1. 一个月能休息几天？　　　　2. 我能见他一面吗？
　　　　　3. 您能再说一遍吗？　　　　4. 你能告诉我这个秘密吗？
　　　　　5. 我现在能回家吗？
　　五　1. 导游　2. 翻译　3. 公司职员　4. 老板　5. 医生
　　　　6. 歌星　7. 公务员　8. 警察　9. 工人　10. 农民

综合练习

p179　一　1. yì, yí, yì, yǐ, yí; yì, yì, yī　2. bú; bù, bú; bú, bù, xiǎo; shǎo
　　　　　3. de; dé; děi; de　　　　　　　4. hàn, hán
　　　　　5. hào, hǎo　　　　　　　　　　6. kě, hē

190

7. jiāo, jiào; jiào 8. jiě, jiè; jié; jié
9. jiǔ, jiù 10. liù, liú, kè, kè, kě, kě
11. mèi, méi; méi, měi 12. zhǐ, zhī

二 1. 家,家,家,家,家 2. 支,支,支,只
3. 次,次,次,次 4. 个,个,个,个,个,座,座
5. 碗,瓶,杯,瓶,罐 6. 块,毛,分
7. 包,个,个,本,本

三 1. 你看,照片上我旁边是陈英。 2. 你给我买礼物了吗?
3. 你什么时候过生日? 4. 你最近过得怎么样?
5. 我在一家饭店打工。 6. 我帮你介绍一个女朋友。
7. 你汉语说得很好。 8. 我在北京大学学习汉语。
9. 你的手机号是多少? 10. 请再说一遍。
11. 我想明天跟他见面。 12. 累是累,但是我很高兴。
13. 我跟家里人一起去旅行。 14. 晚上早一点儿回来啊。

词汇索引

단어 색인

A

啊	a	9/11
爱	ài	3
爱好	àihào	15
爱情	àiqíng	12
安全	ānquán	12

B

八	bā	3
吧	ba	9
爸爸	bàba	7
白马王子	báimǎ wángzǐ	12
白色	báisè	13
百	bǎi	3
班	bān	10
半	bàn	6
帮	bāng	9
包	bāo	5
杯	bēi	5
北边	běibian	13
北京	Běijīng	10
本	běn	8
本子	běnzi	9/12
比较	bǐjiào	14
笔	bǐ	9
遍	biàn	10
别	bié	14
别的	biéde	8/14
冰淇淋	bīngqílín	4
不	bù	3
不错	búcuò	13
不客气	bú kèqi	3

C

菜	cài	14
菜单	càidān	14
餐馆	cānguǎn	13
餐厅	cāntīng	14
层	céng	13
茶	chá	4
差	chà	6
常	cháng	10
长	cháng	12
长城	Chángchéng	15
唱	chàng	15
超市	chāoshì	13
朝鲜族	Cháoxiǎnzú	11
陈	Chén	11
吃	chī	4
吃的	chīde	4
出国	chū guó	15

出去	chūqù	12
出生	chūshēng	8
床	chuáng	12
词典	cídiǎn	8
次	cì	15
醋	cù	14

D

打扮	dǎban	12
打(电话)	dǎ(diànhuà)	12
打工	dǎ gōng	15
打算	dǎsuàn	12
大	dà	8/13
大家	dàjiā	3
大学	dàxué	9
大学生	dàxuéshēng	7
但	dàn	11
但是	dànshì	15
蛋糕	dàngāo	8
当	dāng	15
当然	dāngrán	11
导游	dǎoyóu	15
到	dào	13/15
到底	dàodǐ	12
得	dé	14
的	de	7
得	de	9
德国	Déguó	10
德语	Déyǔ	10
得	děi	14
等	děng	12
弟弟	dìdi	7
第一次	dì yī cì	11

地方	dìfang	15
点	diǎn	6/14
电话	diànhuà	10
电脑	diànnǎo	12
电视	diànshì	12
电影	diànyǐng	12
电影院	diànyǐngyuàn	13
东边	dōngbian	13
东西	dōngxi	13
都	dōu	8/11
独生女	dúshēngnǚ	7
肚子	dùzi	4
对	duì	3/9/11
对不起	duìbuqǐ	3
对面	duìmiàn	13
多	duō	8/9
多少	duōshao	5

E

饿	è	4
二	èr	3

F

法国	Fǎguó	10
法语	Fǎyǔ	10
翻译	fānyì	15
饭	fàn	6
饭店	fàndiàn	13
方便面	fāngbiànmiàn	4
房间	fángjiān	13
放心	fàngxīn	12
非常	fēicháng	10

分	fēn	5/6
分钟	fēnzhōng	15
风景	fēngjǐng	13
疯了	fēngle	5
服务员	fúwùyuán	15
父母	fùmǔ	9
附近	fùjìn	13

G

感兴趣	gǎn xìngqù	11
高兴	gāoxìng	8/10
高中	gāozhōng	11
高中生	gāozhōngshēng	7
告诉	gàosu	12
哥哥	gēge	7
歌	gē	15
歌星	gēxīng	15
个	gè	5
给	gěi	8
跟	gēn	11
工人	gōngrén	15
公司	gōngsī	11
公司职员	gōngsī zhíyuán	7/15
恭喜	gōngxǐ	14
公务员	gōngwùyuán	15
工作	gōngzuò	15
孤单	gūdān	7
故宫	Gùgōng	15
拐	guǎi	13
怪不得	guàibude	10
罐(儿)	guàn(r)	5
贵	guì	14
国	guó	10

过	guò	8/12/13
过来	guòlai	11
过去	guòqù	12

H

还	hái	6
还行	háixíng	9
韩币	hánbì	5
韩国	Hánguó	3
韩国语	Hánguóyǔ	10
韩中词典	Hán-Zhōng cídiǎn	8
汉语	Hànyǔ	3/9
汉族	Hànzú	11
好	hǎo	2
好吃	hǎochī	14
好久不见	hǎo jiǔ bú jiàn	9
号	hào	8/10
号码	hàomǎ	10
喝	hē	4
盒(儿)	hé(r)	5
和	hé	7
很	hěn	4
后边	hòubian	13
后天	hòutiān	8
壶	hú	14
花	huā	8
华韩公司	Huáhán Gōngsī	11
话	huà	10
换	huàn	5
回家	huíjiā	6
回来	huílai	12
会	huì	11

J

积累	jīlěi	15
几	jǐ	6
家	jiā	7/14
家里人	jiālirén	15
家庭	jiātíng	7
见	jiàn	12
见面	jiàn miàn	12
建筑	jiànzhù	13
奖学金	jiǎngxuéjīn	14
交	jiāo	10
角	jiǎo	5
叫	jiào	3
教学楼	jiàoxuélóu	13
节	jié	9
结账	jié zhàng	14
姐姐	jiějie	7
介绍	jièshào	9
今年	jīnnián	8
今天	jīntiān	8
今晚	jīnwǎn	15
金智贤	Jīn Zhìxián	3
近	jìn	15
经验	jīngyàn	15
经常	jīngcháng	13
警察	jǐngchá	15
九	jiǔ	3
就	jiù	11/13
觉得	juéde	11

K

咖啡	kāfēi	4
咖啡厅	kāfēitīng	13
卡拉OK	kǎlā OK	15
看	kàn	9
考	kǎo	12
考试	kǎoshì	12
烤鸭	kǎoyā	14
渴	kě	4
可	kě	13
可爱	kě'ài	11
可口可乐	Kěkǒukělè	4
可乐	kělè	4
可是	kěshì	10
可以	kěyǐ	5/15
刻	kè	6
课	kè	9
空调	kōngtiáo	13
空儿	kòngr	12
口	kǒu	7
口红	kǒuhóng	8
苦	kǔ	14
块	kuài	5
快	kuài	12
矿泉水	kuàngquánshuǐ	4

L

辣	là	14
辣椒	làjiāo	14
来	lái	8/11
老	lǎo	7
老板	lǎobǎn	15
老大	lǎodà	7
老师	lǎoshī	2
了	le	6

累	lèi	6
离	lí	15
李	lǐ	2
礼物	lǐwù	8
两	liǎng	5
零	líng	3
零钱	língqián	14
流利	liúlì	10
留学生	liúxuéshēng	10
六	liù	3
楼	lóu	13
旅行	lǚxíng	15

M

吗	ma	3
妈妈	māma	7
马路	mǎlù	13
马马虎虎	mǎmahūhu	9
买	mǎi	5
忙	máng	8/9
毛	máo	5
没关系	méi guānxi	3
没意思	méi yìsi	12
没有(没)	méiyǒu(méi)	6/7
玫瑰	méigui	8
每	měi	9
每天	měi tiān	6
美国	Měiguó	10
美女	měinǚ	11
美元	měiyuán	5
妹妹	mèimei	7
门口	ménkǒu	12
们	men	2

米饭	mǐfàn	4
秘密	mìmì	15
面包	miànbāo	4
明天	míngtiān	8
名字	míngzi	3

N

哪	nǎ	8
哪里	nǎli	10
哪儿	nǎr	5
那	nà	4/7
那儿	nàr	10
奶奶	nǎinai	7
南边	nánbian	13
南方	nánfāng	11
难	nán	9
呢	ne	4
能	néng	14
你	nǐ	2
你们	nǐmen	2
年	nián	8
年级	niánjí	9
年纪	niánjì	8
您	nín	2
牛奶	niúnǎi	5
农民	nóngmín	15
努力	nǔlì	9/14
女	nǚ	9
女孩儿	nǚháir	11

P

旁边	pángbiān	13

跑步	pǎo bù	13
朋友	péngyou	4/9
啤酒	píjiǔ	4
朴	Piáo	11
朴泰雄	Piáo Tàixióng	11
漂亮	piàoliang	12
瓶(儿)	píng(r)	5

Q

七	qī	3
期中考试	qīzhōng kǎoshì	12
起床	qǐ chuáng	6
千	qiān	8
钱	qián	5
前	qián	13
巧克力	qiǎokèlì	11
请	qǐng	10
请客	qǐng kè	14
请问	qǐngwèn	11
去	qù	5
全都	quándōu	12
全家福	quánjiāfú	7
全职太太	quánzhí tàitai	7

R

让	ràng	12
人	rén	3
人情味儿	rénqíngwèir	11
认识	rènshi	10
日	rì	8
日本	Rìběn	10
日语	Rìyǔ	10

S

三	sān	3
善良	shànliáng	10
善英	Shànyīng	9
商店	shāngdiàn	6
上	shàng	9
上	shang	10
上课	shàng kè	6
上网	shàng wǎng	13
上午	shàngwǔ	9
稍	shāo	14
少	shǎo	10
社会	shèhuì	15
身体	shēntǐ	9
什么	shénme	3
神秘	shénmì	12
生活	shēnghuó	9
生日	shēngri	8
生日卡	shēngrìkǎ	8
省	shěng	14
师妹	shīmèi	11
师兄	shīxiōng	11
十	shí	3
十字路口	shízì lùkǒu	13
时候	shíhou	8
时间	shíjiān	12
食堂	shítáng	6
是	shì	3
事	shì	11
市场	shìchǎng	13
室内	shìnèi	13
手表	shǒubiǎo	12
手机	shǒujī	10

书	shū	9
书包	shūbāo	12
书店	shūdiàn	13
数	shǔ	14
帅哥	shuàigē	11
谁	shuí, shéi	7
水	shuǐ	4
睡觉	shuì jiào	6/12
说	shuō	8/10
说实话	shuō shíhuà	12
死	sǐ	6
四	sì	3
送	sòng	8/12
宿舍	sùshè	9
酸	suān	14
岁	suì	8
所以	suóyǐ	12

T

他	tā	4
她	tā	4
他们	tāmen	4
她们	tāmen	4
太	tài	9
糖	táng	14
天	tiān	8
甜	tián	14
条件	tiáojiàn	13
听不懂	tīngbudǒng	10
听说	tīngshuō	14
挺	tǐng	9
同学	tóngxué	2
图书馆	túshūguǎn	6

W

外国	wàiguó	10
外向	wàixiàng	10
完	wán	12
玩儿	wánr	10
碗	wǎn	14
晚饭	wǎnfàn	6
晚上	wǎnshang	9
万	wàn	5
往	wǎng	13
网吧	wǎngbā	13
网球场	wǎngqiúchǎng	13
位	wèi	11
味道	wèidào	14
问	wèn	11
我	wǒ	3
我们	wǒmen	4
五	wǔ	3
午饭	wǔfàn	6

X

西边	xībian	13
喜欢	xǐhuan	8
洗手间	xǐshǒujiān	13
洗澡	xǐ zǎo	12
系	xì	9/11
下课	xià kè	6
下面	xiàmian	7
下午	xiàwǔ	9
先生	xiānsheng	11
咸	xián	14
羡慕	xiànmù	11/15

现在	xiànzài	6	一下儿	yíxiìr	11
想	xiǎng	4	一直	yìzhí	13
小	xiǎo	13	医生	yīshēng	15
小时	xiǎoshí	14	医院	yīyuàn	13
小姐	xiǎojie	11	颐和园	Yíhé Yuán	15
校园	xiàoyuán	13	已经	yǐjīng	9
谢谢	xièxie	3	以前	yǐqián	15
辛苦	xīnkǔ	15	椅子	yǐzi	12
新生	xīnshēng	11	因为	yīnwèi	9
星期	xīngqī	8	银行	yínháng	5
星期天	xīngqītiān	8	饮料	yǐnliào	4/14
星期日	xīngqīrì	8	英国	Yīngguó	10
行	xíng	11	英语	Yīngyǔ	10
幸福	xìngfú	7	邮局	yóujú	13
性格	xìnggé	10	游览	yóulǎn	15
姓	xìng	3	游戏	yóuxì	13
兄弟姐妹	xiōngdì jiěmèi	7	油腻	yóunì	14
休息	xiūxi	9	有	yǒu	7
学习	xuéxí	6	有点儿	yǒudiǎnr	14
学校	xuéxiào	6	有名	yǒumíng	11
			有时侯	yǒu shíhou	9
			有意思	yǒu yìsi	9
			元	yuán	5
烟	yān	5	圆珠笔	yuánzhūbǐ	12
盐	yán	14	远	yuǎn	10
要	yào	5	约	yuē	12
药	yào	14	约会	yuēhuì	12
爷爷	yéye	7	月	yuè	8
也	yě	5	运动	yùndòng	13
一	yī	3	运动场	yùndòngchǎng	13
一般	yìbān	9			
一点儿	yìdiǎnr	11			
一共	yígòng	5/14			
一起	yìqǐ	6	在	zài	7

Y

Z

再	zài	10	只好	zhǐhǎo	9
再见	zàijiàn	2	中国	Zhōngguó	3
咱们	zánmen	6	中文系	Zhōngwénxì	9
早	zǎo	12	周	zhōu	15
早饭	zǎofàn	6	周未	zhōumò	10
早上	zǎoshang	6/13	住	zhù	13
怎么	zěnme	11	注意	zhùyì	12
怎么样	zěnmeyàng	9	专业	zhuānyè	9
张	zhāng	8	桌子	zhuōzi	12
张欢英	Zhāng Huānyīng	10	自己	zìjǐ	9
找(钱)	zhǎo(qián)	14	自行车	zìxíngchē	12
照片儿	zhàopiānr	7	走	zǒu	13/15
这	zhè	7	最	zuì	10
这么	zhème	10	最近	zuìjìn	9
真	zhēn	13	昨天	zuótiān	8
挣(钱)	zhèng(qián)	15	左	zuǒ	13
支	zhī	8	做	zuò	6/9
只	zhī	14	座	zuò	13
知道	zhīdào	8/10	作业	zuòyè	6/12
只	zhǐ	7